PHÄNOMINT
WISSEN · FORSCHEN · STAUNEN

TECHNIK-EXPERIMENTE

Technologie von heute und morgen verstehen

Autor: Nick Arnold
Illustratorin: Giulia Zoavo
Design und Editorial: Starry Dog Books
Beratung: Pete Robinson

Die Originalausgabe erschien 2020 in Großbritannien bei QED Publishing plc, Großbritannien, einem Imprint von The Quarto Group, The Old Brewery, 6 Blundell Street, London N7 9BH, www.quartoknows.com

Titel der Originalausgabe:
S.T.E.A.M. AHEAD: Experiment with Engineering Science

3. Auflage 2022

moses. Verlag GmbH
Arnoldstraße 13d
47906 Kempen
Fon: 0 21 52 - 20 98 50
Fax: 0 21 52 - 20 98 60
Mail: info@moses-verlag.de
www.moses-verlag.de

Übersetzung aus dem Englischen: Stefanie Kuballa-Cottone
Covergestaltung: Melanie Dahmen
Satz: Kirsten Küsters
Lektorat: Karin Bischoff
Redaktion: Geesche Oetken

ISBN: 978-3-96455-118-4

Printed in China

MIX
Papier aus verantwortungsvollen Quellen
FSC® C016973

Bildnachweis

Alle Fotografien stammen von Starry Dog Books Ltd mit Ausnahme der folgenden:

Adobe Stock:
Cover: jamesteohart (Rennbahn), zeleniy9 (Himmel), CK (Wasser), yaona-t (Wolken)

Shutterstock
12-13 Olga Danylenko; 23 maimu; 23 Hg. Peshkova; 29 EvgeniiAnd; 31 litchima; 36 Hg. zffoto; 36-37 Hg. primopiano; 40-41 Hg. primopiano; 42-43 Hg. Detanan; 44-45 Hg. sumroeng chinnapan; 49 hxdbzxy; 50-51 Hg. FREEPIK2; 51 BonNontawat; 54-55 Hg. stockphoto-graf; 56-57 Hg. sumroeng chinnapan; 58-59 Hg. Bildagentur Zoonar GmbH; 64-65 Hg. Mike Pellinni; 66-67 Hg. iva; 69 Sandeep Gore; 71 Bloomicon; 71 Hg. slava17; 71 Art studio G; 73 Chesky; 73 b/g Marina_D; 74-75 Hg. sdecoret; 76 GrashAlex; 76-77 Hg. Ursatii;

PHÄNOMINT
WISSEN • FORSCHEN • STAUNEN

TECHNIK-EXPERIMENTE

Technologie von heute und morgen verstehen

Nick Arnold

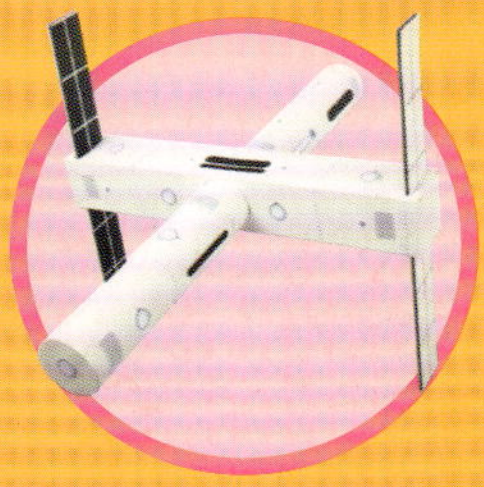

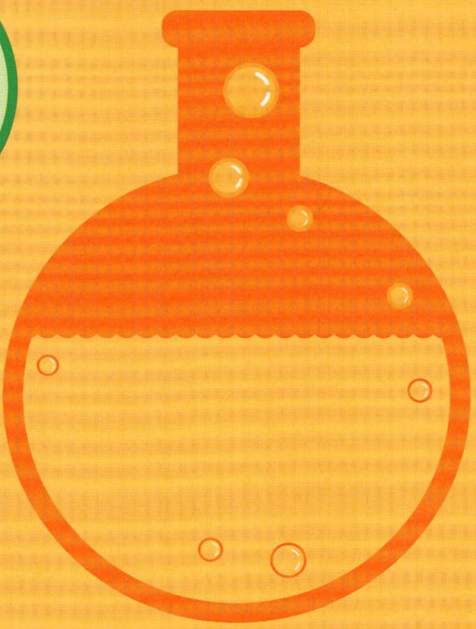

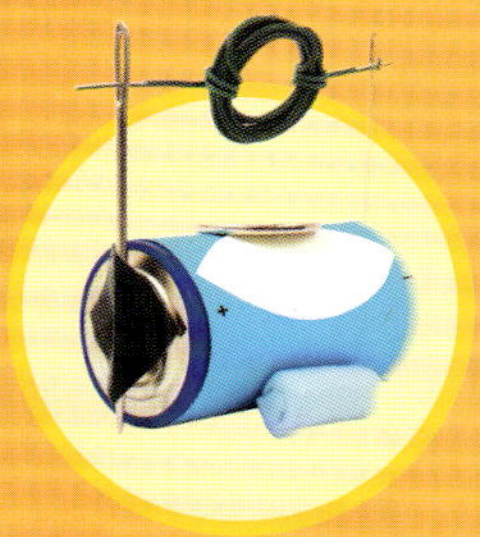

moses.

INHALT

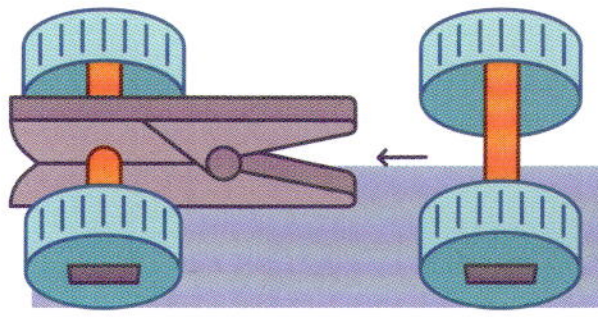

KAPITEL 4: HÖHER, SCHNELLER, WEITER!

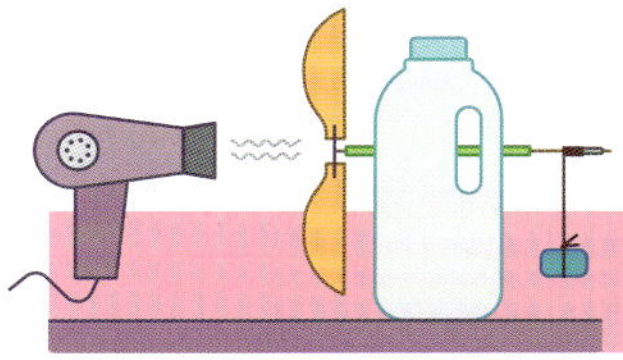

KAPITEL 5: DIE ZUKUNFT IM TEST

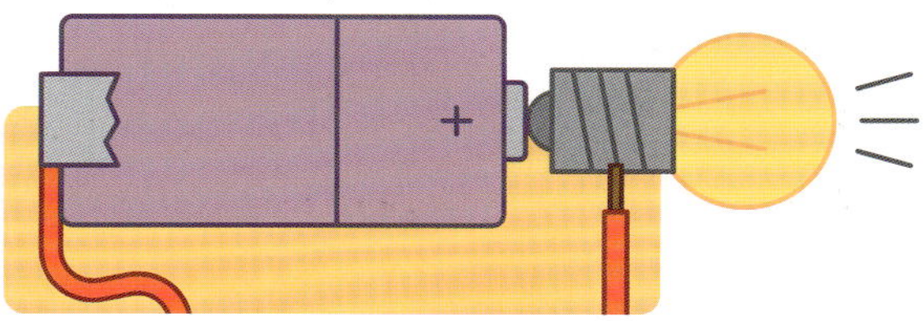

EINLEITUNG

Was haben himmelhohe Wolkenkratzer und der Alleskönner Computer gemeinsam? Sie verdanken ihre Existenz klugen Köpfen, die sich mit Naturwissenschaft und Technik auskennen. Um in ihre Fußstapfen zu treten, musst du kein Mathe-Genie sein! Alles, was du brauchst, ist SPASS am EXPERIMENTIEREN!

KAPITEL 1 : AUF BIEGEN UND BRECHEN

Finde heraus, was ein stabiles Bauwerk ausmacht, und mache dir einen Spaß daraus, das, was du gebaut hast, zum Einsturz zu bringen!

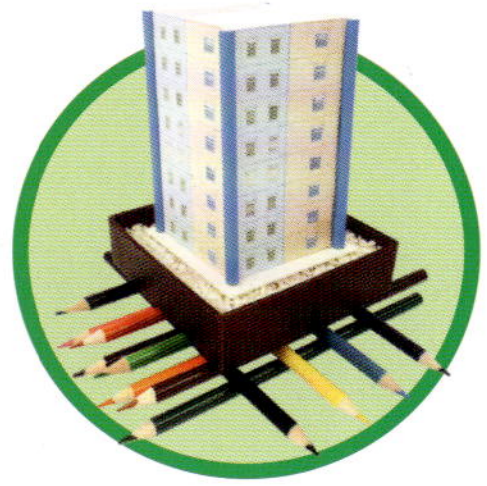

KAPITEL 2: WUNDER DER MECHANIK

Entdecke die mechanischen Gesetze, auf deren Basis mächtige Maschinen Arbeit verrichten, und die einfachen wissenschaftlichen Prinzipien dahinter.

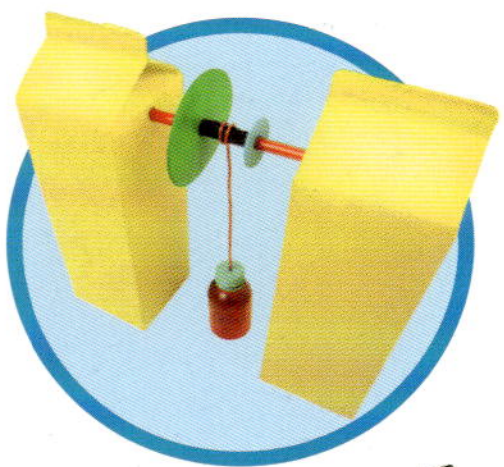

KAPITEL 3: ENERGIE IN JEDER FORM

Deine Experimente beweisen es: Energie ist alles, was du brauchst, wenn etwas erledigt werden muss!

KAPITEL 4: HÖHER, SCHNELLER, WEITER!

Hier erfährst du, wie du vorankommst, wenn es mal schnell gehen muss. Baue Maschinen, die dich im Nu von A nach B bringen.

KAPITEL 5: DIE ZUKUNFT IM TEST

Erforsche nachhaltige Energiequellen und andere zukunftsträchtige Technologien!

Goldene Regeln
FÜR KLUGE FORSCHER

Regel 1:
PLANE SORGFÄLTIG!

Bevor du loslegst, lies die Anleitung durch und lege dir alles zurecht, was du für dieses Experiment benötigst.

Achte auf diese Kreise! Sie enthalten praktische Hinweise zur Durchführung der Experimente.

Regel 2:
ACHTE AUF SICHERHEIT!

Wenn du den roten Button siehst, brauchst du die Hilfe eines Erwachsenen. Rote Kästchen weisen dich auf Gefahren hin. Experimentiere nie mit offenem Feuer, elektrischem Strom aus der Steckdose oder Gas. Kleine Kinder benötigen beim Gebrauch einer Schere die Hilfe von Erwachsenen.

Lass dir helfen!

ACHTUNG!
Wasser kann bei Schritt 4 spritzen.

Regel 3:
HALTE ORDNUNG!

Räume nach jedem Experiment auf. Verwende benutzte Materialien möglichst wieder. Achte auch auf die Ratschläge in den gelben Kästen.

HINWEIS:
Lebensmittelfarbe färbt auch deine Kleidung!

UMWELTSCHUTZ UND RECYCLING

Für viele Experimente in diesem Buch kannst du gebrauchte Gegenstände verwenden. Versuche, die nötigen Zutaten möglichst zu Hause zu finden, statt neue zu kaufen. Sorge dafür, dass alle Plastikteile nach den Versuchen recycelt werden, damit die Müllberge nicht weiter wachsen.

Du kannst die Versuche in beliebiger Reihenfolge durchführen, aber die Erklärungen sind am besten verständlich, wenn du dich an die Reihenfolge in diesem Buch hältst.

Die **fett** gedruckten Begriffe findest du auch im Glossar auf Seite 78–79.

EIN HAUS AUS FRUCHTGUMMIS

Aus Süßigkeiten und Holzstäbchen kannst du eine Art Haus basteln. Du wirst staunen, wie viel Gewicht die Konstruktion tragen kann!

1 Nimm 4 Holzspieße und drücke auf jedes Ende der Spieße einen Fruchtgummi.

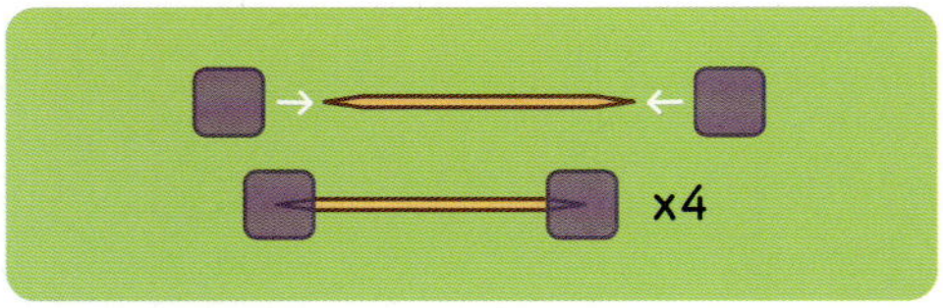

2 Stecke 8 weitere Spieße in die Fruchtgummis und verbinde sie, wie auf der Abbildung zu sehen, zu einem Würfel. Das sind die Wände deines Hauses.

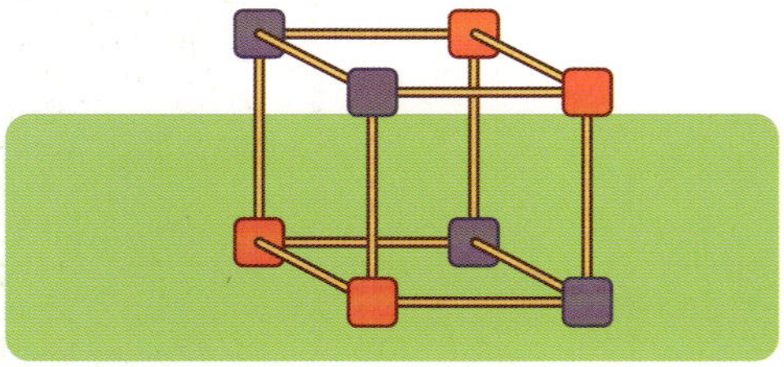

3 Um die Stärke der Wände zu testen, lege ein Lineal quer über die Spieße und ein 50 g schweres Gewicht darauf. Was passiert mit den oberen Spießen?

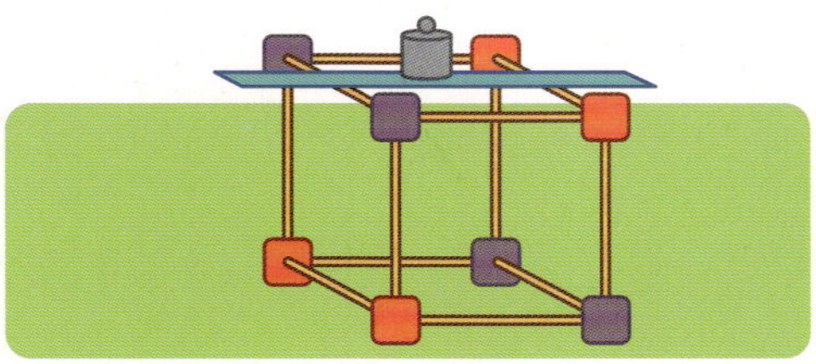

4 Um das Dach zu bauen, nimmst du das obere Quadrat vom Würfel herunter, steckst 4 Spieße schräg in seine Eck-Gummis und fixierst sie oben mit einem weiteren Fruchtgummi. Lege das Gewicht obenauf. Ist die Konstruktion stabil genug?

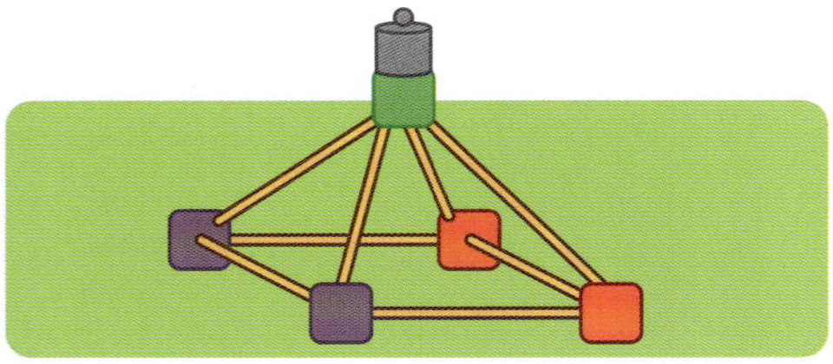

5 Stecke das Dach auf den Würfel und lege das Gewicht erneut obenauf. Was fällt dir auf? Um die Konstruktion zu verstärken, baust du zusätzliche Fruchtgummis und Spieße (s. Abb.) ein. Teste nun noch einmal die Tragfähigkeit!

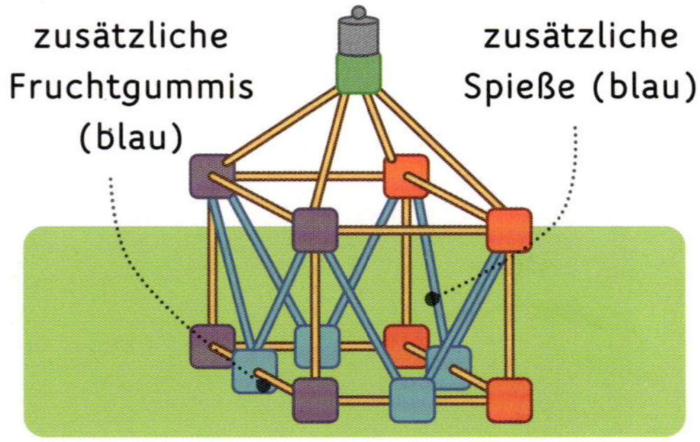

Du brauchst ...

- Cocktailspieße aus Holz
- Fruchtgummis
- ein kurzes Lineal
- 50 g-Gewicht

Gut erklärt!
SCHWERKRAFT UND FORMEN

Ingenieure bauen Modelle, um zu testen, wie Kräfte sich auf ihre Entwürfe auswirken. Bei deinem ersten Belastungstest hat die Schwerkraft das Gewicht nach unten gezogen, und der Würfel hat sich verbogen. Aber die schrägen Spieße im Dach und die verstärkten Wände beim Würfel widerstanden der Schwerkraft, der Winkel zwischen den Spießen veränderte sich nicht. Dreiecke sind eine extrem tragfähige Form.

EXTRA-WISSEN

Der Eiffelturm in Paris besteht aus in Dreiecken angeordneten Eisenträgern. An heißen Tagen dehnt sich das Eisen aus, und der Turm ist 15 cm höher!

Bei den Schritten 4 und 5 musst du das Gewicht eventuell festhalten, damit es nicht herunterfällt.

BRÜCKEN SCHLAGEN

Brücken verbinden, daher: Lasst uns Brücken bauen! Lerne verschiedene Bauarten kennen und finde heraus, welche am stabilsten ist.

ACHTUNG!
Jüngere Kinder benötigen beim Schneiden Hilfe.

1 Zeichne auf beiden Pappestücken der Länge nach eine Mittellinie und zerschneide sie entlang der Linie. Du erhältst vier Rechtecke aus dicker Pappe.

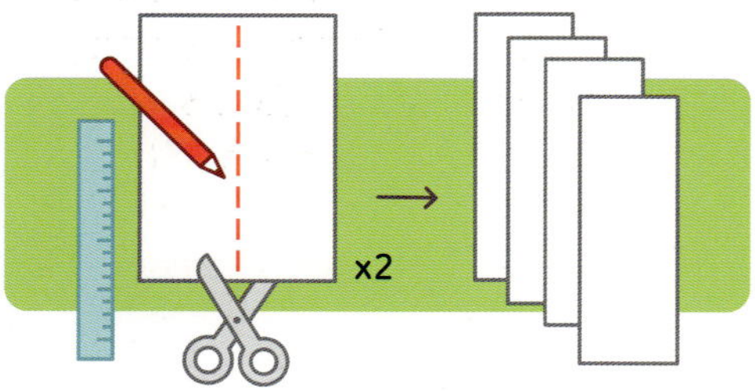

2 Stelle zwei Kartons mit dem Boden nach oben in 23 cm Abstand auf wie in der Abb. gezeigt.

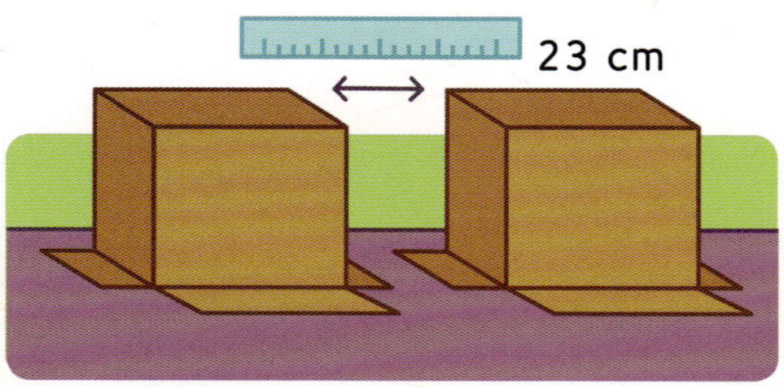

3 Fixiere die Klappen mit Klebeband am Untergrund.

4 Lege ein Papp-Rechteck zwischen die beiden Kartons, sodass eine Brücke entsteht.

5 Lege ein leichtes Gewicht auf deine Brücke. Lege immer mehr Gewichte dazu, bis die Brücke zusammenbricht. Bei wie vielen Gewichten ist die Brücke zusammengebrochen? Wiege sie und schreibe das Gesamtgewicht auf.

Du brauchst ...

- Lineal
- Bleistift
- 2 dicke Stücke Pappe (DIN A4)
- Schere
- 2 große Pappkartons
- Klebeband
- 12 gleich schwere Gewichte, z. B. Murmeln, Äpfel ...
- Küchenwaage
- Notizheft
- einen leichten, länglichen Plastikdeckel

Brücken-Test

VERTEILE DIE GEWICHTE UNTERSCHIEDLICH

Hält die Brücke länger, wenn einige der Gewichte an den Enden der Brücke liegen? Lege den leichten Deckel einer Plastikbox auf die Brücke. Bricht die Brücke schneller zusammen, wenn die Gewichte auf dem Plastikdeckel liegen?

Gut erklärt!

BRÜCKEN UND SCHWERKRAFT

Das Gewicht entspricht der Kraft, mit der etwas aufgrund der Gravitation nach unten gezogen wird. Auch ohne zusätzliche Gewichte zieht die Schwerkraft an der Brücke. Indem du Gewichte hinzufügst, vergrößerst du die Schwerkraft, bis die Brücke schließlich zusammenbricht, weil ihre Enden nicht am Karton befestigt waren.

Echte Brücken müssen der Schwerkraft widerstehen und viel Gewicht tragen. Lange Brücken benötigen oft Stützpfeiler an beiden Enden, zum Teil sogar zusätzliche Pfeiler in der Mitte.

Entdecke coole Technik-Tricks, mit denen deine Brücke stabiler wird ...

6 Falte ein zweites Papp-Rechteck der Länge nach wie eine Ziehharmonika (s. Abb.). Ersetze die erste Brücke durch die gefaltete Pappe.

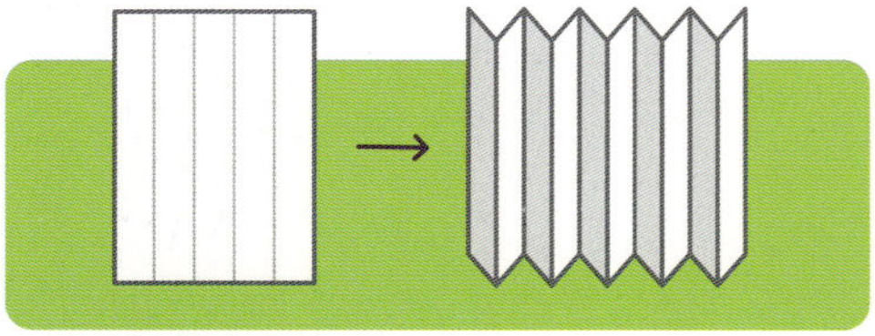

7 Wiederhole Schritt 5 und schreibe die Ergebnisse auf.

8 Ersetze die gefaltete Pappe wieder durch die glatte von Schritt 4.

9 Biege ein drittes Papp-Rechteck zu einem Bogen. Klebe die Enden wie abgebildet seitlich an den Kartons fest, sodass der Bogen die Pappbrücke von unten stützt.

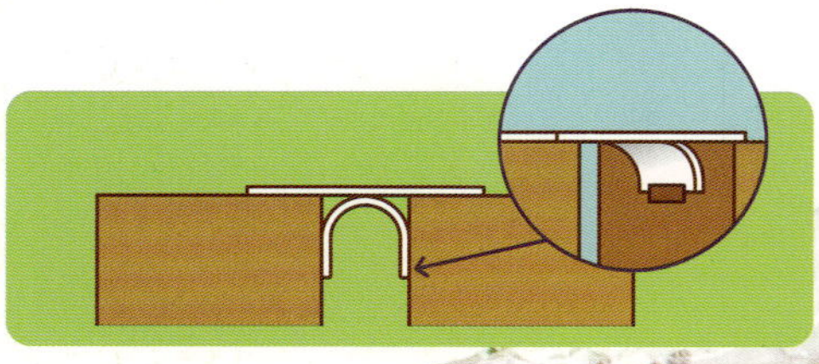

10 Wiederhole Schritt 5 und schreibe die Ergebnisse auf.

11 Jetzt lege die gefaltete Pappe über den Bogen und danach die glatte Pappe auf die gefaltete, damit eine ebene Oberfläche entsteht.

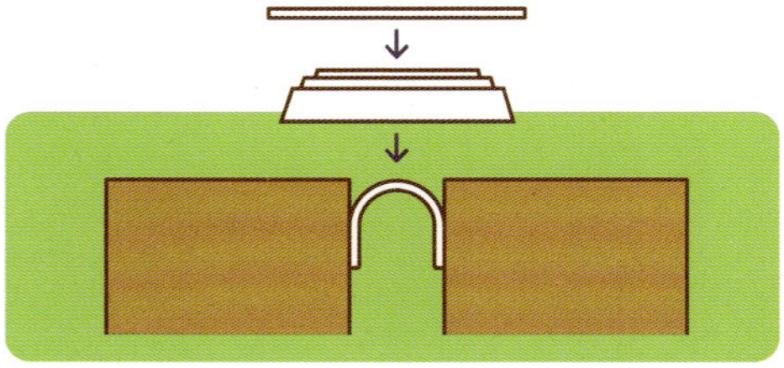

12 Wiederhole Schritt 5 und schreibe die Ergebnisse auf. Vergleiche deine Ergebnisse hier mit den Ergebnissen der Schritte 5, 7 und 10.

13 Mache deine Brücke noch stabiler! Klebe die beiden Enden der Brücke an der Oberseite der Kartons fest und klebe den Bogen an der Brücke fest.

EXTRA-WISSEN

Der Bogen der Chaotianmen-Yangtse-Brücke in China überspannt 552 m, das ist die größte Bogenbrücke der Welt!

Gut erklärt!

WIE MAN EINE BRÜCKE VERSTÄRKT

Bei der Ziehharmonika-Brücke sind es viele Dreiecke nebeneinander, die der Schwerkraft widerstehen (s. S. 9). Die nach unten gerichtete Erdanziehungskraft wird über die Seiten der Dreiecke geführt. Am unteren Ende drücken sie gegeneinander, um dem Zug nach unten standzuhalten.

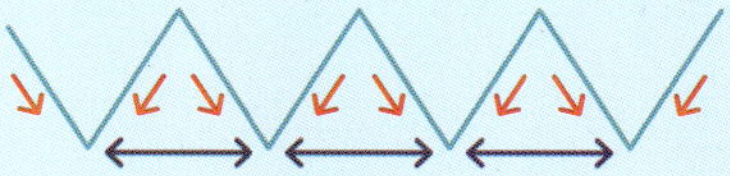

Bei einem Bogen verhält es sich anders: Die nach unten gerichtete Kraft folgt der Krümmung des Bogens und drückt gegen die Seiten der Kartons.

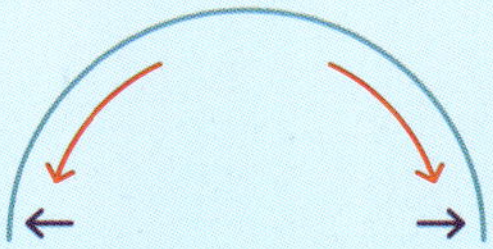

Du hast nun die Wirkungen der Schwerkraft auf verschiedene Brückenkonstruktionen erprobt. Die stabilste Variante in Schritt 11 verbindet die Kraft vieler Dreiecke mit dem stützenden Bogen.

Du kannst deine Brücke bemalen und aus Folie einen Fluss basteln, der darunter hindurchfließt.

TRAGENDE ROLLEN

Ein großes Gebäude braucht ein großes Dach. Aber wie groß darf es sein, ohne dass das Gebäude darunter zusammenbricht?

1 Stelle den Karton mit der Öffnung nach unten auf den Boden und lege ein 1 kg-Gewicht darauf. Was passiert mit den Seiten des Kartons?

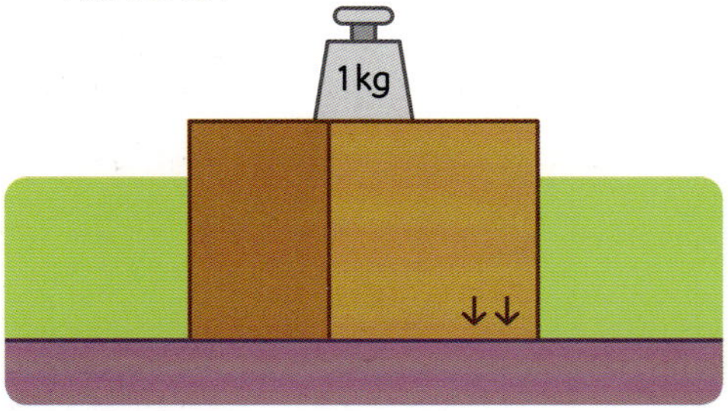

2 Jetzt stelle eine Schüssel kopfüber auf den Karton und das Gewicht obenauf. Was passiert jetzt mit den Seiten des Kartons?

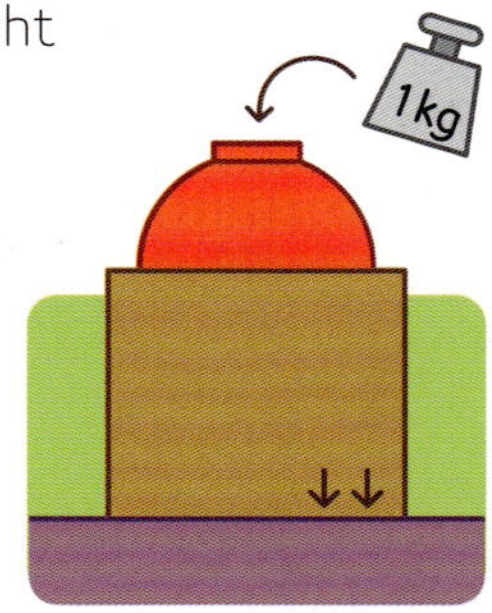

3 Wiederhole Schritt 2, aber stelle dieses Mal 4 Papprollen zwischen Karton und Schüsselrand.

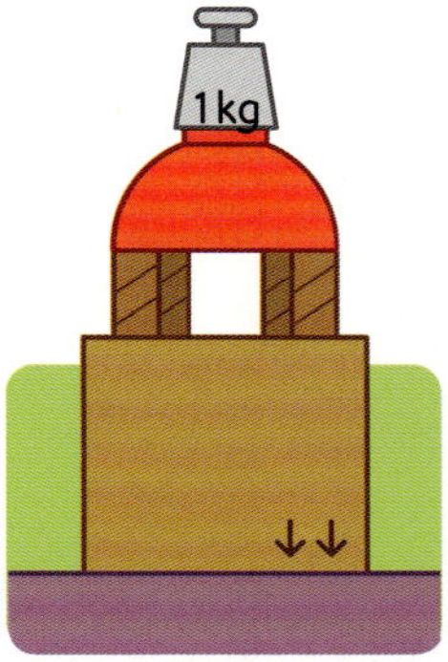

Die Schüssel darf nicht größer sein als der Boden des Kartons, eher etwas kleiner.

Du brauchst ...

- Pappkarton
- 4 Papprollen (z. B. vom Toilettenpapier)
- 1 kg-Gewicht
- Schüssel aus Pappe oder Plastik

Als Gewicht dient z. B. ein 1 kg schweres Päckchen Zucker.

Gut erklärt!

KUPPELN UND PFEILER

Der Karton stellt ein Gebäude mit vier dünnen Wänden dar. In Schritt 1 verstärkt das Gewicht die Schwerkraft, die auf das Dach wirkt. Das Dach biegt sich durch und zieht die Wände nach innen. Ein noch größeres Gewicht würde den Karton zerquetschen.

Die Schüssel ist hier ein Kuppeldach, wie viele berühmte Gebäude eines tragen. Wie bei einem Bogen wird die Schwerkraft über die Seiten der Kuppel abgeleitet. Da die Kraft in Schritt 2 gleichmäßig verteilt wird und von oben auf die Wände wirkt, verbiegen sich die Wände nicht.

In Schritt 3 stellen die Papprollen Pfeiler dar. Auch sie leiten die Schwerkraft nach unten ab. Da die Kraft gleichmäßig auf die Oberseite der Rollen drückt, bleiben sie gerade. Wenn ein schweres Dach auf Pfeilern ruht, sind keine dicken Wände nötig, um es zu tragen.

EXTRA-WISSEN

Das vor 1.900 Jahren in der römischen Antike erbaute Pantheon trägt eine Kuppel, die bis ins 19. Jahrhundert die größte der Welt war.

TUNNEL-TESTER

Da führt kein Weg daran vorbei, da musst du einfach durch! Ein Tunnel muss die richtige Form haben, damit er nicht unter dem Gewicht der Erde über ihm zusammenbricht. Viel Spaß beim Buddeln!

ACHTUNG!
Erde enthält Bakterien. Klebe Pflaster auf Wunden und trage Handschuhe!

1 Nimm drei Papprollen und beschrifte sie mit A, B und C.

2 Drücke Rolle A platt und stelle dich darauf. Falze die beiden Knickstellen, sodass scharfe Kanten entstehen.

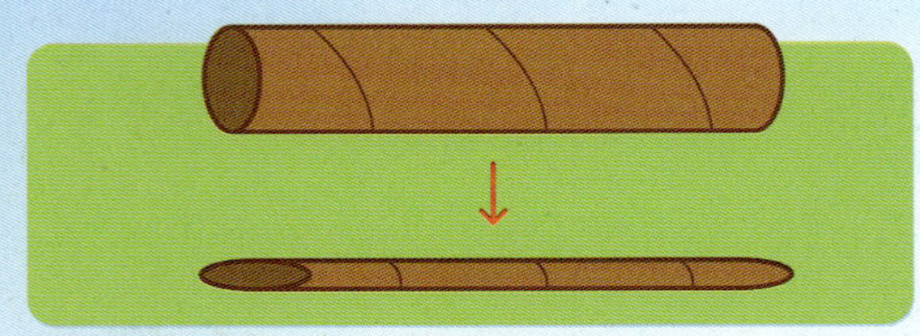

3 Drücke die Rolle in der anderen Längsrichtung platt, ebenfalls mit scharfen Knickkanten. Wenn du die Rolle danach wieder aufdrückst, ist sie quadratisch statt rund.

4 Schneide Rolle B der Länge nach auf, um ein Papp-Rechteck zu erhalten, mit der Außenseite nach oben. Drittele das Rechteck und falte es wie abgebildet mithilfe eines Lineals, dann klebe Kante 1 an Kante 2. Es entsteht eine dreieckige Röhre. (Rolle C bleibt unbearbeitet.)

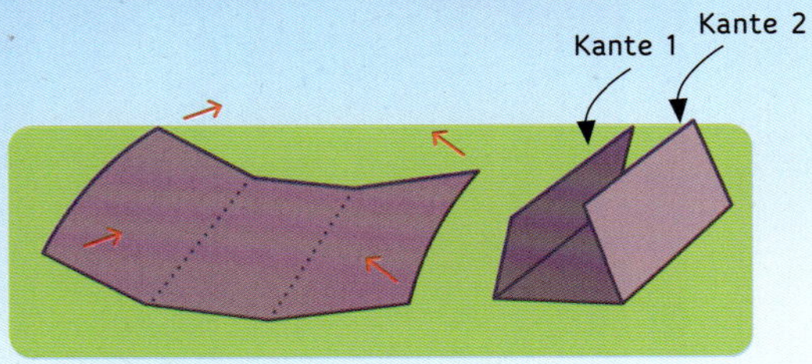

5 Miss die Höhe von Röhre A. Hebe einen Graben aus, der doppelt so tief ist, und lege die Röhre hinein. Bedecke sie mit Erde und lege ein Gewicht von 500 g darauf. Nach 10 Minuten gräbst du die Röhre wieder aus. Hat sie ihre Form verändert?

Du brauchst …

- 3 lange Papprollen (Küchenrolle)
- Filzstift
- Schere
- Lineal
- breites Klebeband
- Handschuhe
- kleine Schaufel oder robusten Esslöffel
- Erde oder Sand
- 500 g-Gewicht (z. B. ein Pfund Zucker)

6 Wiederhole Schritt 5 mit den Röhren B und C. Achte darauf, sie genauso tief einzugraben wie Röhre A! Es müssen für alle dieselben Bedingungen herrschen, um sie vergleichen zu können.

Gut erklärt!
TUNNELFORMEN

In diesem Experiment wird die Schwerkraft, die auf den Tunnel wirkt, durch das 500 g-Gewicht und das Gewicht der Erde verstärkt. Wie bei Kuppel und Bogen kommt die runde Form von Röhre C am besten mit der Schwerkraft zurecht. Die Erde unter der Röhre drückt dagegen, und die runde Unterseite von C hält diesem Druck von unten am besten stand. Deswegen haben echte Tunnel häufig einen runden Querschnitt statt eines quadratischen oder rechteckigen.

Der Boden sollte trocken sein, ohne Steine. Du kannst das Experiment auch mit Sand an einem Strand durchführen.

Käse-Test

Kannst du mit einem Korkenzieher (ohne seitliche Arme) einen Hartkäseblock durchbohren? Tunnelbohrmaschinen funktionieren ganz ähnlich: Sie drehen sich und graben sich mit hohem Druck durchs Gestein.

WENN ALLE DÄMME BRECHEN

Wasser fließt immer bergab. Deine Aufgabe: Halte es auf, baue eine Staumauer – mit der richtigen Technik!

1 Zeichne auf einer stabilen 2 l-Plastikflasche mit Lineal und Filzstift Linien am Hals und der Länge nach wie abgebildet. Bitte einen Erwachsenen, die Flasche entlang der Linien aufzuschneiden.

Lass dir helfen!

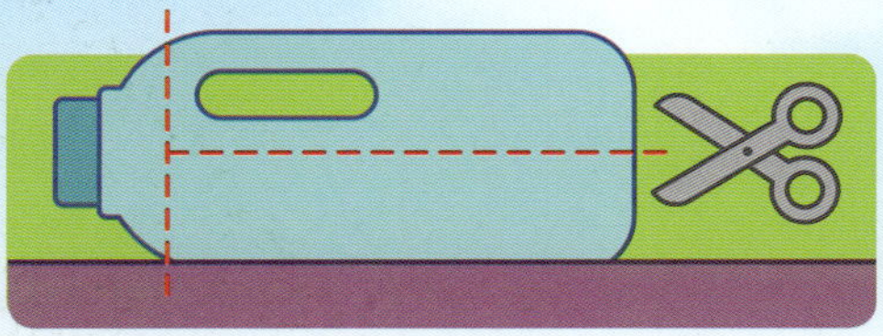

2 Verfahre mit der zweiten 2 l-Flasche genauso.

Lass dir helfen!

3 Schneide aus dem flachen Boden einer der beiden Flaschen einen Halbkreis aus. Das ist dein Überlauf.

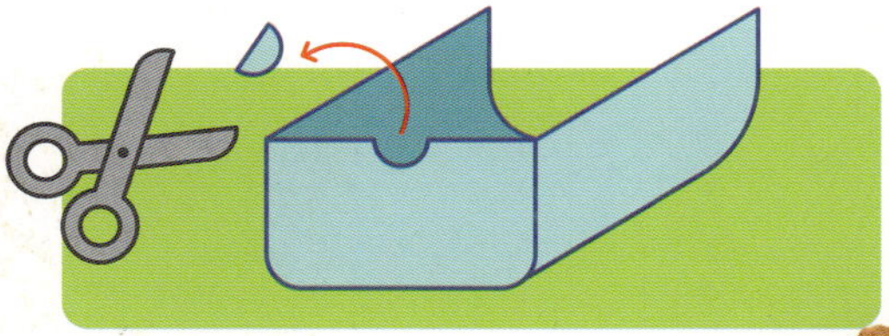

4 Lege beide Flaschen auf einen Tisch und schiebe die offenen Seiten so ineinander, dass sie 3 cm überlappen. Schiebe einen Stapel Bücher unter die Seite ohne Überlauf. Fixiere die Überlappungsstelle innen und außen mit Gewebeband. Dein Stausee ist fertig!

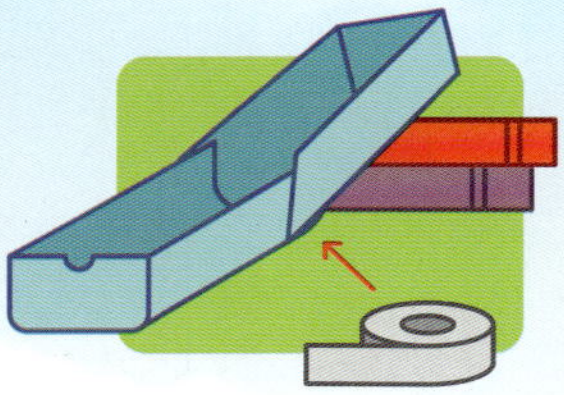

Du brauchst ...

- 2 leere Plastikflaschen (2 l), z. B. von Flüssigwaschmittel
- Filzstift
- Lineal
- scharfe Schere
- Bücher
- wasserfestes Gewebeband
- Wasser

Gut erklärt:
WASSERFLUSS UND STAUMAUERN

Anfangs hat sich das Wasser im flachen Teil gesammelt wie in einem Stausee. Als du den Wasserzufluss erhöht hast, ist es an der halbrunden Öffnung, dem Überlauf, herausgeflossen. Echte Staudämme haben gewölbte Seiten, die, wie die Kuppel und der Bogen, den Kräften des Wassers besser standhalten.

5 Trage dein Objekt nach draußen und bette den erhöhten Teil auf einen Erdhügel. Nun gieße am oberen Ende behutsam Wasser in deinen Stausee, sodass es Richtung Überlauf fließt und sich aufstaut. Was passiert, wenn du die Wassermenge erhöhst?

Gestalte z. B. aus Zweigen („Bäume") und Steinen („Felsen") eine schöne Landschaft für deinen Stausee.

RÜTTEL DICH UND SCHÜTTEL DICH!

Bauingenieure müssen darauf achten, dass Neubauten erdbebensicher sind. Höchste Zeit für ein Erdbeben-Experiment ...

1 Lege 4 Stifte mit etwas Abstand nebeneinander auf eine ebene Fläche. Lege 4 weitere Stifte quer darüber und noch einmal 4 obenauf, die in die gleiche Richtung zeigen wie die erste Lage Stifte.

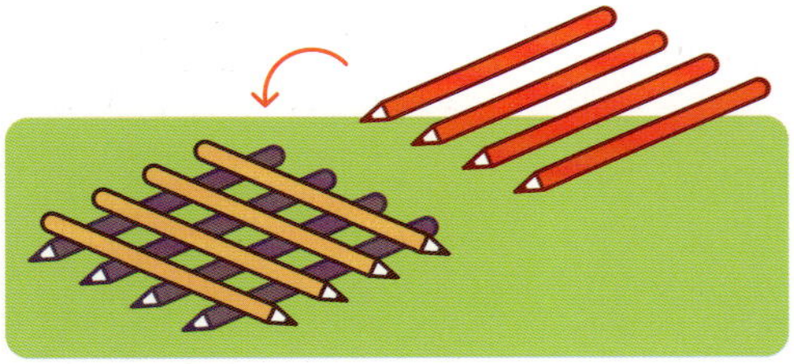

2 Schütte Reis in die flache Schachtel. Das Reisbett soll mindestens 2 cm hoch sein.

3 Schneide ein Quadrat aus Pappe mit 10 cm Seitenlänge aus und lege es auf den Reis. Stelle die Reisschachtel auf die Stifte und errichte auf dem Pappquadrat einen 20 cm hohen Turm aus Bauklötzen.

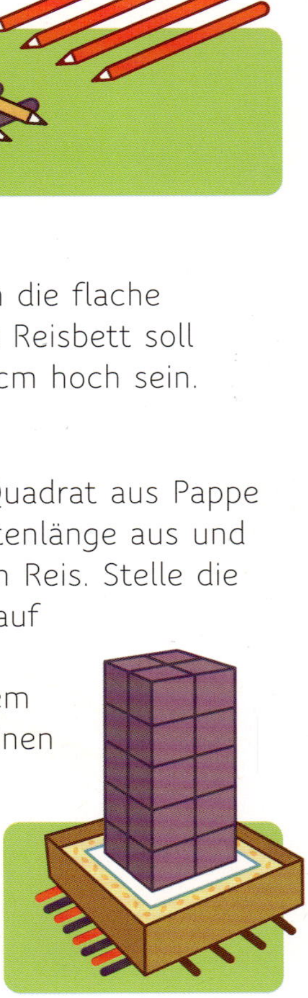

4 Ein Erdbeben! Rüttele an der Reisschachtel, bewege sie hin und her und beobachte, wie schnell der Turm einstürzt.

5 Schneide ein 20 x 40 cm großes Rechteck aus Karton aus und falte es wie abgebildet in Vierteln. Klebe die Kanten A und B zusammen, sodass ein viereckiger Turm entsteht. Klebe an jede Ecke einen Trinkhalm.

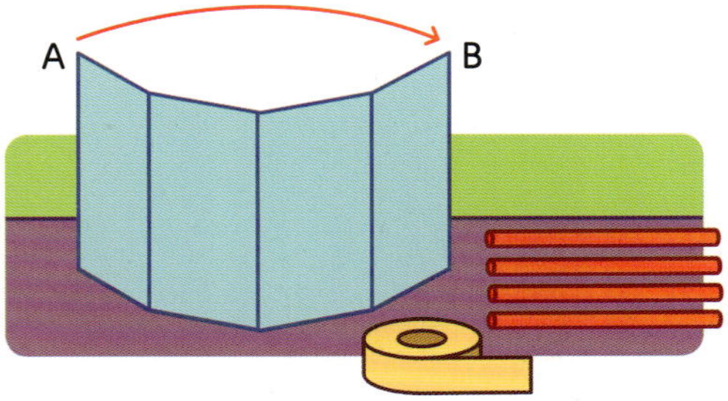

6 Schneide ein 11 x 11 cm großes Quadrat aus dem Moosgummi aus. Stecke die Spieße in 7 mm Abstand von den Ecken in die Moosgummi-Platte und stülpe den Kartonturm darüber. Die Spieße verschwinden in den Halmen.

7 Ersetze die Pappe in der Reisschachtel durch den Moosgummi samt Turm. Jetzt spielst du wieder Erdbeben! Rüttele an der Schachtel. Was passiert dieses Mal?

Du brauchst ...

- 12 Buntstifte
- Reis
- flache Schachtel
- Lineal
- Schere
- Pappe
- Bauklötze oder kleine Schachteln
- Karton
- breites Klebeband
- 4 Trinkhalme
- dickeres Moosgummi
- 4 Cocktailspieße

Gut erklärt: ERDBEBEN-SICHERES BAUEN

Erdbeben entstehen durch die Bewegung tektonischer Platten. Unter dem Einfluss der Druckwellen verhält sich der Boden wie eine Flüssigkeit (hier: die Reisschachtel). Die Wellen bringen jene Gebäude zum Wackeln, die zwar der nach unten gerichteten Schwerkraft standhalten, aber den seitlich wirkenden Kräften eines Erdbebens nichts entgegensetzen können.

Man könnte meinen, schwerere Gebäude wie der Turm aus Bauklötzen hielten dem besser stand als leichte Bauten, aber das ist nicht immer so. Der Trinkhalm-Turm hat zwei Elemente, die tatsächlich eingesetzt werden, um Häuser erbebensicher zu machen:
1. ein elastisches Fundament, das Stoßwellen abfängt, statt sie auf die Wände zu übertragen, und
2. einen flexiblen Rahmen sowie Wände, die die Stöße aufnehmen und sich mit ihnen bewegen.

Wenn du kein Moosgummi hast, kannst du 2 oder 3 Stück kräftige Pappe zu einer dicken Platte zusammenkleben.

SPASS AN ZERSTÖRUNG

Bauingenieure setzen Abrissbirnen ein, um Gebäude abzureißen. Hier kannst du deine eigene Abrissbirne basteln. Viel Spaß beim Demolieren!

ACHTUNG!
Pass auf, dass du dich an der Aufreißlasche nicht schneidest! Sie hat scharfe Kanten.

Lass dir helfen!

1 Schneide 6 m Schnur ab und ziehe sie durch den Ring der Aufreißlasche, sodass beide Enden gleich lang sind.

2 Verknote die Schnurenden miteinander, sodass eine große Schlinge entsteht, und klebe den Knoten mit dem Gewebeband unten am Ball fest. Fixiere die Schnur mit Gewebeband an beiden Seiten des Balls.

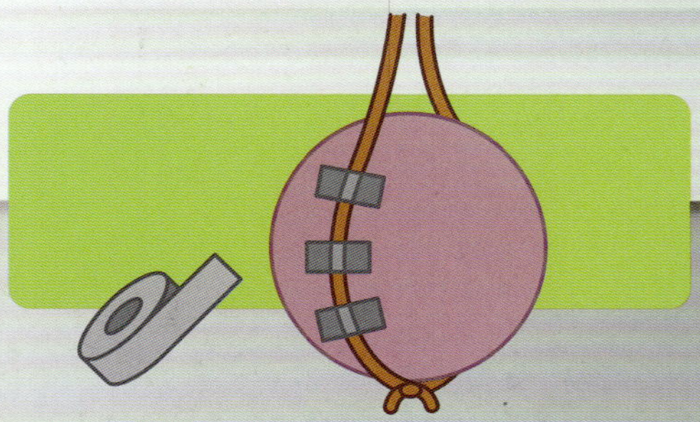

3 Verdrehe die beiden Schnüre fest miteinander bis zum Ball und umwickele sie mit etwas Gewebeband.

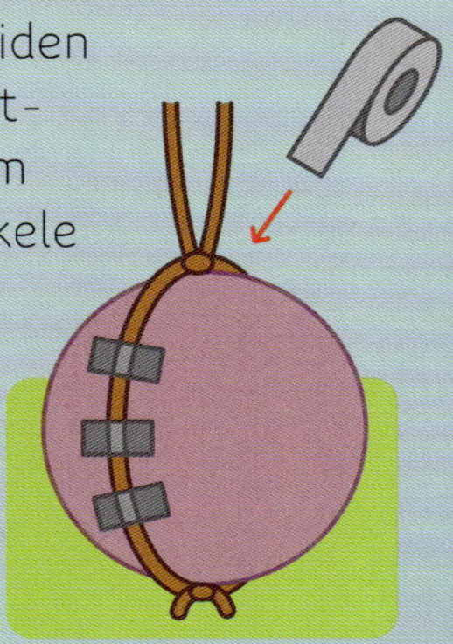

Lass dir helfen!

4 Bitte einen Erwachsenen, mit dem Gewebeband oben am Türrahmen den Ball am Ring aufzuhängen, sodass der Ball frei schwingen kann.

5 Errichte in der Nähe einen Turm aus Bauklötzen. Dann gib deiner Abrisskugel Schwung und wirf den Turm um!

Gewichts-Test

Lege ein 1 kg-Gewicht auf den Boden eines großen Pappkartons. Wird es dadurch leichter oder schwerer, den Karton umzuwerfen?

Du brauchst …

- Aufreißlasche einer Getränkedose
- Maßband
- 6 m Paketschnur
- Schere
- Ball
- Gewebeband
- Bauklötze
- großen Pappkarton
- 1 kg-Gewicht

Gut erklärt:

MASSE, IMPULS UND SEITENKRAFT

Dein Ball an der Schnur funktioniert wie eine Abrissbirne. Im 20. Jahrhundert wurden damit große Gebäude aus Beton oder Backstein eingerissen. Heute kommen eher Maschinen oder Sprengstoff zum Einsatz.

Abrissbirnen hängen in der Regel an einer Kette von einem Kran herab. Man kann sie von oben auf einen Bau fallen lassen oder seitlich schwingen. In beiden Fällen hängt die Zerstörungskraft vom Impuls ab, der wiederum von Masse und Geschwindigkeit der Abrissbirne abhängt.

Auf Seite 20/21 hast du gesehen, wie ein Erdbeben durch Seitenkräfte Gebäude zum Einsturz bringt. Eine Abrissbirne funktioniert ähnlich.

EXTRA-WISSEN

Die größten Abrissbirnen waren aus Stahl, der im rotglühenden Zustand verdichtet und dadurch sehr schwer wurde. Solche Abrissbirnen wogen 5,4 Tonnen, mehr als vier Kleinwagen!

AUF DIE SCHIEFE BAHN GERATEN!

Eine Last hochzuheben, kann anstrengend sein, aber mit einer schiefen Ebene wird die Sache viel leichter. Warum das so ist, findest du hier heraus.

Lass dir helfen!

1 Bitte einen Erwachsenen, an zwei gegenüberliegenden Seiten knapp unter dem Rand Löcher in einen Pappbecher zu bohren.

2 Schneide ein Stück Schnur ab, das genauso lang ist wie das Holzbrett. Ziehe ein Ende der Schnur durch die Löcher des Pappbechers, sodass eine Schlaufe entsteht, und mache einen Knoten.

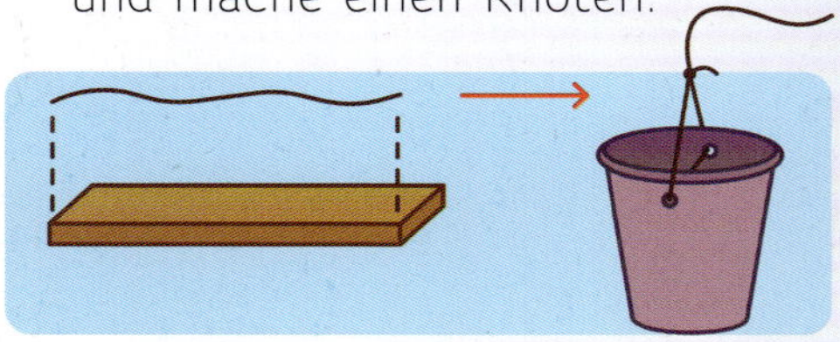

3 Schlinge das andere Ende um die Orange, mache einen Knoten und klebe die Schnur auf der Orange mit Gewebeband fest. Wiederhole dies mehrfach.

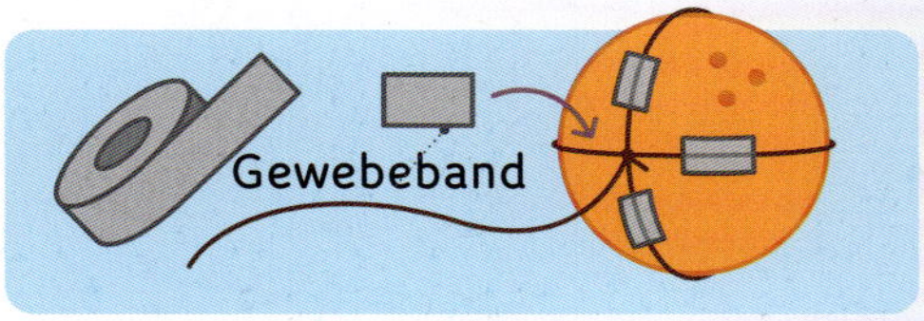

4 Lege ein paar Bücher an die Tischkante und platziere das Brett wie abgebildet darauf. Lege die Orange auf das andere Ende des Bretts und lass den Becher über die Kante herabhängen.

Du brauchst ...

- einen spitzen Stift/ Schraubenzieher
- Pappbecher
- Holzbrett
- Schere
- Paketschnur
- Orange
- Gewebeband
- Bücher
- Geldmünzen
- Küchenwaage
- Notizblock und Schreibstift
- Klebefilm
- Öl (zum Braten)
- Küchentuch

Hinweis:
Führe dieses Experiment am besten draußen durch, denn es kann für einige Unordnung sorgen!

Wenn du keine dicken Bücher findest, um sie unters Brett zu legen, kannst du auch eine umgedrehte Kiste nehmen.

5 Lass nach und nach so viele Münzen in den Becher fallen, bis die Orange die Rampe hinaufruckelt. Wiege die Orange und notiere ihr Gewicht. Wiege die Münzen und schreibe auch ihr Gesamtgewicht auf.

6 Klebe auf der Brettmitte zwei Bahnen Klebefilm. Gib eine kleine Menge Öl auf ein Küchentuch und reibe die Klebstreifen damit ein. Wiederhole Schritt 5. Was stellst du fest?

Gut erklärt:
SCHIEFE EBENE UND REIBUNG

Wenn du die Orange hochhebst, kämpfst du gegen die Schwerkraft. Dein Brett ist eine schiefe Ebene, die dazu dient, den Kraftaufwand zu verringern. Insgesamt erfordert das Benutzen einer Rampe den gleichen Kraftaufwand wie das Anheben ohne Rampe, aber da die Kraft auf eine längere Strecke verteilt wird, ist der Kraftaufwand pro Zeiteinheit geringer, das Heben fällt leichter.

Wenn die Orange die Rampe hinaufrutscht, wird ihre Bewegung durch Reibung gebremst. Das Öl mindert die Reibung, es ist weniger Kraft nötig. Deswegen hast du bei Schritt 6 weniger Münzen gebraucht, um die Orange zu bewegen.

MIT ECKEN UND KANTEN

Aus einer schiefen Ebene kann ein Werkzeug werden. Du kannst damit sogar etwas abschneiden ...

1 Falte einen Bogen Bastelkarton in der Mitte und danach noch einmal in der Mitte, wie abgebildet.

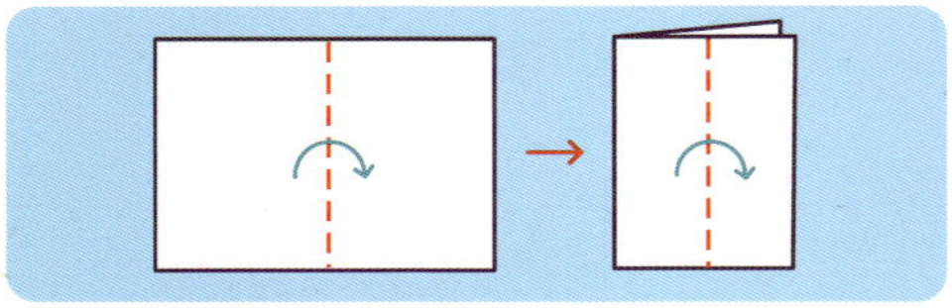

2 Falze den länglichen Streifen mittig und drücke mit einem Lineal den Falz kräftig platt, sodass eine scharfe Kante entsteht.

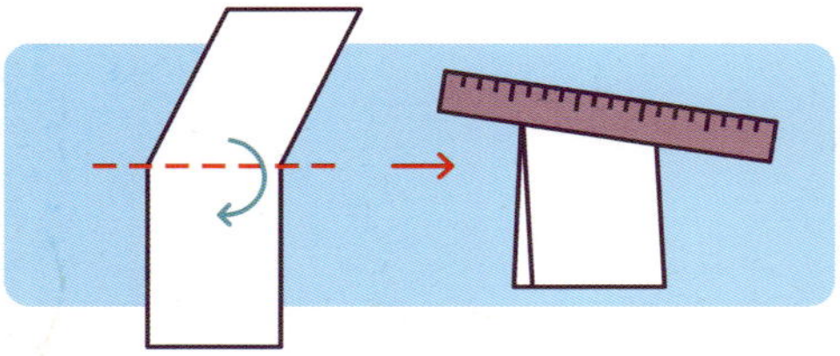

3 Klappe die letzte Faltung wieder auf und falte die Enden 1 cm breit um.

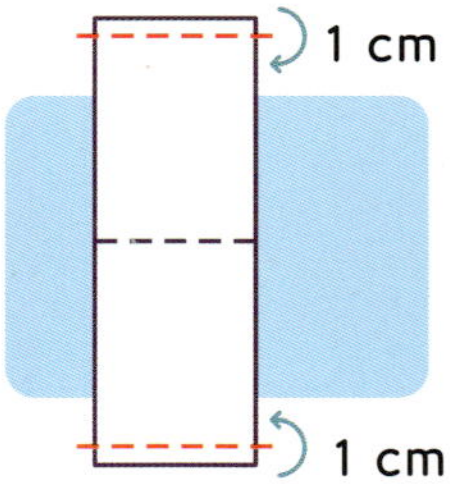

4 Drehe den Karton um und klappe die Enden erneut 1 cm breit um.

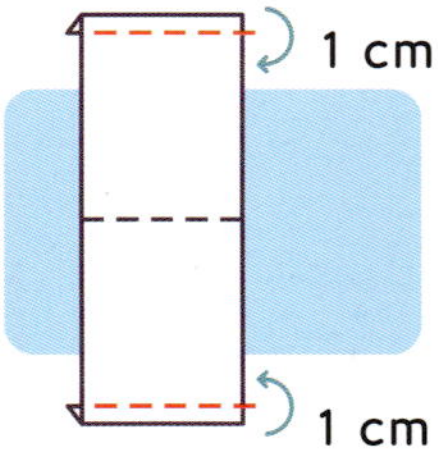

5 Mache noch eine 1 cm breite Falte und noch eine.

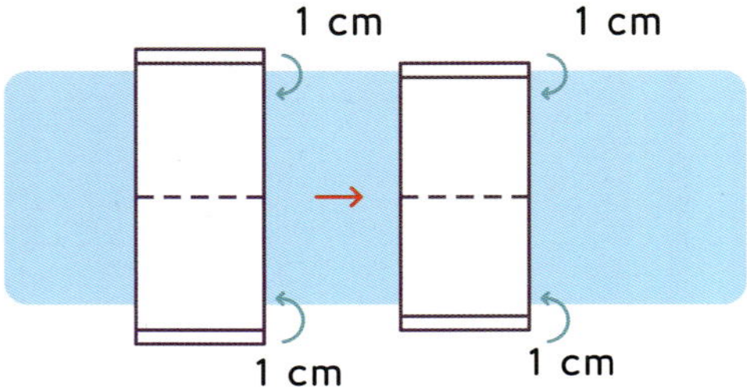

6 Drehe den Karton um und klappe die Enden noch einmal 1 cm breit um.

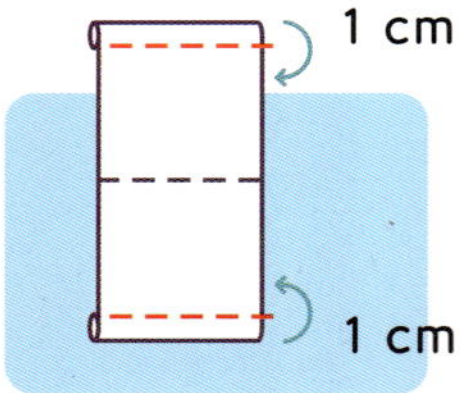

7 Drücke die gefalteten Stellen fest aneinander und wickele Klebefilm um das ganze Gebilde. Du hast einen Keil gebastelt, den du als Werkzeug benutzen kannst.

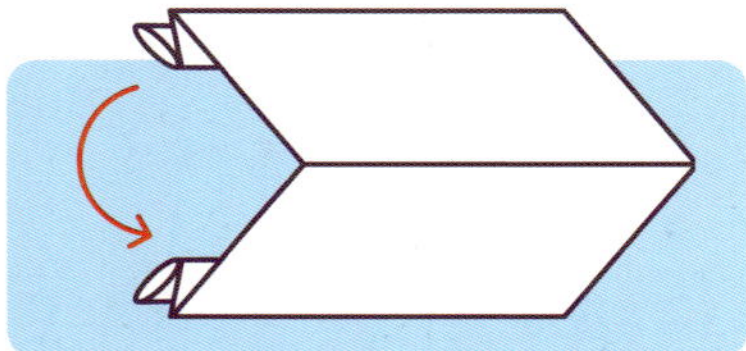

Du brauchst ...

- Bastelkarton (DIN A4)
- Lineal
- breiten Klebefilm
- Butter (zimmerwarm)
- Toastbrot (nach Belieben)
- Pappkarton
- Blatt Papier
- spitzen Bleistift

Gut erklärt:
KEILE UND ANDERE WERKZEUGE

Ein Keil ist ein Werkzeug mit zwei schrägen Seitenflächen, die spitz aufeinander zulaufen. Wenn du mit deinem Keil schneidest, bündelt die scharfe Kante die Kraft deiner Drückbewegung. Wie bei der schiefen Ebene (s. S. 25) verteilen die schrägen Flächen des Keils die Kraft auf eine längere Strecke.

EXTRA-WISSEN

Auch deine Schneidezähne sind leicht keilförmig. Das erleichtert das Abbeißen!

8 Drücke das schmale Ende des Keils in die weiche Butter. Schneide etwas Butter ab und streiche es auf eine Scheibe Toast!

Nimm bei den Schritten 3, 4, 5 und 6 ein Lineal zu Hilfe, um 1 cm abzumessen.

Papier-Test

Klebe ein Blatt Papier über einen offenen Karton. Versuche, mit dem stumpfen Ende eines Bleistifts das Papier durchzustoßen. Dann versuche es mit dem spitzen Ende. Was geht leichter? Woran könnte das liegen?

FESTHALTEN!

Abgeschrägte Seiten sind praktisch, um etwas abzuschneiden – und sie halten die Dinge zusammen ... hoffentlich!

1 Beschrifte die Etiketten mit „A“ und „B“ und klebe auf jede Flasche eines. Fülle 250 ml Essig in jede Flasche.

2 Lege ein Blatt Toilettenpapier auf eine ebene Fläche. Gib 4 Teelöffel Backpulver darauf und falte das Papier so, dass das Backpulver darin eingepackt ist.

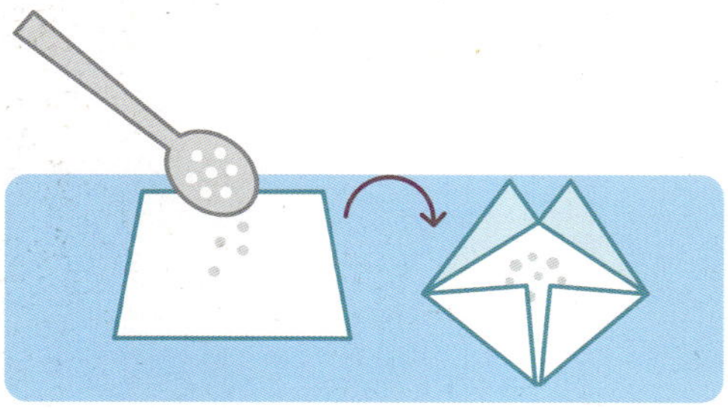

3 Halte Flasche A leicht schräg, schiebe das Backpulver-Päckchen in den Flaschenhals, sodass es oben stecken bleibt, und schraube die Flasche zu.

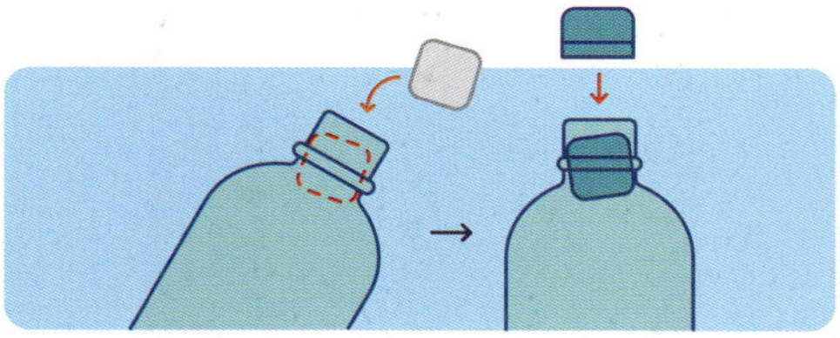

Hinweis:
Führe das Experiment am besten draußen oder über der Badewanne durch.

4 Drehe Flasche A auf den Kopf und stelle sie dann wieder aufrecht hin.

5 Wiederhole Schritt 3 mit Flasche B, aber statt sie zuzuschrauben, stülpst du den Luftballon über den Flaschenhals. Schüttele Flasche B ein paar Mal VORSICHTIG, bis das Päckchen in den Essig fällt.

6 Schraube Flasche A langsam auf. Ab wann bemerkst du, dass Gas oder Schaum entweicht?

Du brauchst ...

- 2 identische Plastikflaschen (500 ml)
- Klebeetiketten
- Filzstift
- Messbecher
- Essig
- Trichter
- Toilettenpapier
- Teelöffel
- Backpulver
- Luftballon

Gut erklärt:

CHEMISCHE REAKTION UND SCHRAUBDECKEL

Wer Essig und Backpulver mischt, erzeugt eine chemische Reaktion. Die im Essig enthaltene Säure reagiert mit der Base im Backpulver. Dabei wird Kohlenstoffdioxid frei. Das Gas will entweichen und übt Druck auf den Schraubdeckel von Flasche A aus. Eine Schraube funktioniert wie eine spiralförmige schiefe Ebene – sie erleichtert auch das Durchbohren eines Objekts. Das Gas kann den Deckel nicht nach oben schieben, weil dazu eine Drehbewegung nötig wäre. Das Aufblasen des Ballons auf Flasche B zeigt, wie stark das Gas nach draußen drängt.

AM LÄNGEREN HEBEL

Ein Hebel ist ein technisches Gerät, das Objekte hochhebt – du kannst damit aber auch einen Ball in die Luft katapultieren. Viel Spaß!

1 Stelle den Pappbecher an ein Ende des Holzbretts und fixiere ihn, indem du eine Pinnnadel durch den Becherboden ins Holz drückst. Lege eine Kaffeedose seitlich auf den Boden und positioniere das Brett wie abgebildet darauf.

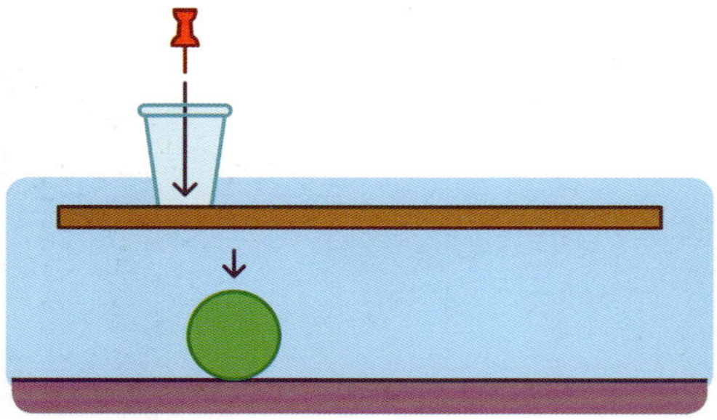

2 Bitte einen Freund, einen Tischtennisball in den Becher zu legen. Dann balanciere das Brett wie abgebildet auf der Dose. Dein Helfer muss das Ende des Bretts, wo der Becher steht, waagerecht halten.

3 Nun trittst du feste auf das freie Ende des Bretts. Miss mit dem Maßband, wie weit der Ball geflogen ist, und schreibe die Entfernung auf.

4 Wiederhole die Schritte 2 und 3, aber lege die Kaffeedose vorher mittig unter das Brett.

Wenn du kein Brett hast, nimm ein langes Holzlineal. Balanciere es auf einem kleinen, runden Gefäß.

Du brauchst ...

- Pappbecher
- dünnes Holzbrett, ca. 45 cm lang
- Pinnnadeln
- Kaffeedose
- Tischtennisball
- Maßband
- eine helfende Person

Statt mit dem Fuß kannst du das Brett auch mit der Hand runterdrücken.

5 Wiederhole die Schritte 2 und 3 erneut, aber lege die Kaffeedose dieses Mal näher an das Ende, auf das du trittst, etwa bei Dreiviertel der Brettlänge. Vergleiche die Ergebnisse der Schritte 3, 4 und 5.

Gut erklärt:
HEBEL

Das Brett in diesem Experiment ist eine Art Hebel. Die Kaffeedose ist der Drehpunkt, auf dem der Hebel balanciert. Hebel sind mechanische Hilfsmittel, um Lasten zu heben. Der Hebel verteilt den Kraftaufwand zum Heben der Last auf eine größere Strecke, wodurch der Aufwand geringer wird.

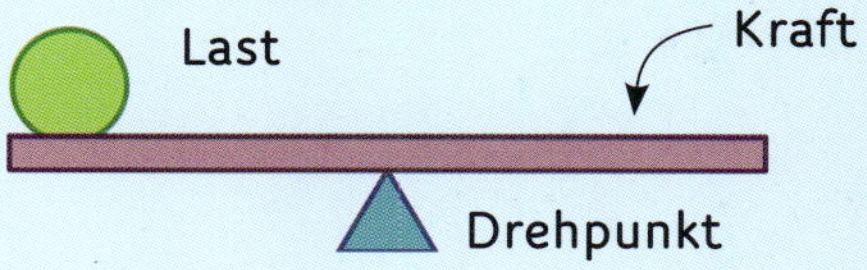

Als du bei Schritt 5 auf den Hebel getreten hast, hast du die gleiche Kraft aufgewendet wie in den Schritten 3 und 4, aber der Ball flog weiter und schneller, weil der Hebelarm länger war.

DREHE MAL AM RAD!

Räder bringen dich nicht nur von A nach B, sie helfen auch, Dinge anzuheben. Kein Grund durchzudrehen – hier erfährst du, wie's geht!

Lass dir helfen!

1 Schneide zwei Kreise aus der Pappe aus, einen mit 3 cm und einen mit 9 cm Durchmesser. Bitte einen Erwachsenen, in die Mitte der beiden Kreise mit der Ahle ein Loch zu bohren und es mit der Schere zu vergrößern, damit ein Bleistift hindurchpasst.

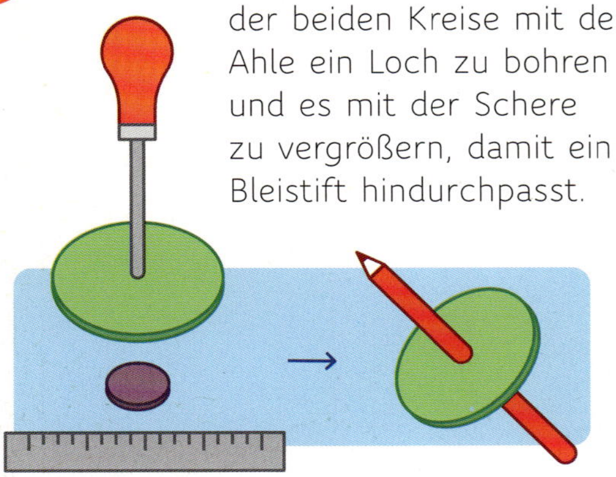

2 Schneide 40 cm Schnur ab, schlinge das eine Ende um den Bleistift und mache einen Knoten, den du mit Klebeband in der Mitte des Stiftes befestigst.

3 Stecke die Pappscheiben wie abgebildet auf den Bleistift und fixiere sie mit Klebeband.

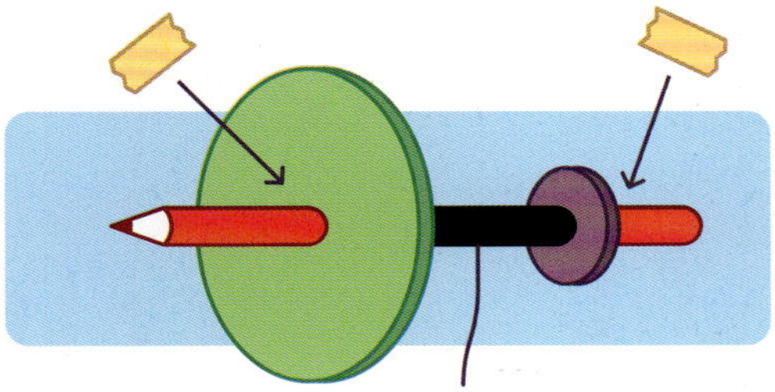

4 Fülle die Flasche mit Wasser. Lass mit der Ahle ein Loch in den Deckel bohren. Fädele die Schnur durch das Loch und mache auf der Innenseite des Deckels einen Knoten. Schraube die Flasche zu.

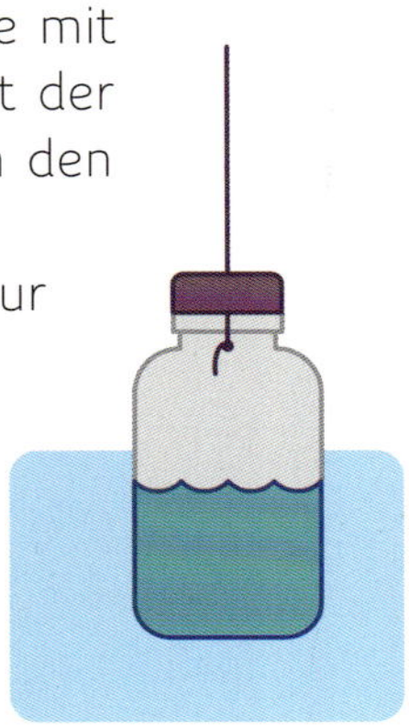

Lass dir helfen!

5 Nimm die Getränkekartons und lass mit der Ahle in beide auf gleicher Höhe (s. Abb.) ein Loch bohren und die Löcher mit der Schere vergrößern. Stecke die Enden des Bleistifts (an dem Flasche und Pappscheiben befestigt sind) in die Löcher.

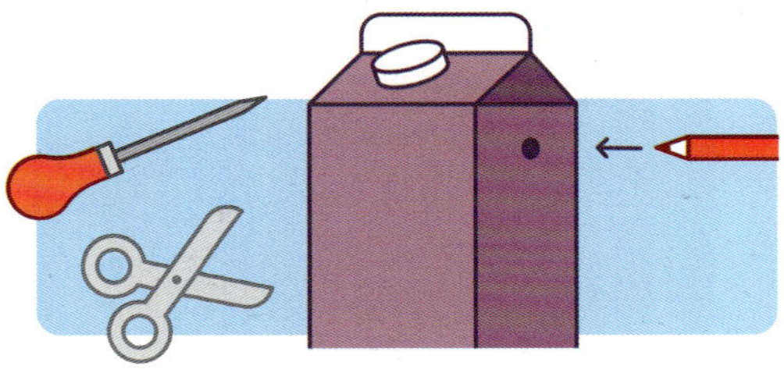

6 Drehe erst an der größeren, dann an der kleineren Scheibe. Mit welcher Scheibe lässt sich der Stift leichter drehen?

Du brauchst …

- Pappe
- Lineal
- Schere
- Ahle (oder ein spitzer Schraubendreher)
- Schnur
- Bleistift
- Klebeband
- kleine Plastikflasche mit Drehverschluss (z. B. eine leere Flasche Lebensmittelfarbe)
- Wasser
- 2 Getränkekartons

Gut erklärt:
DAS RAD UND DIE KRAFT

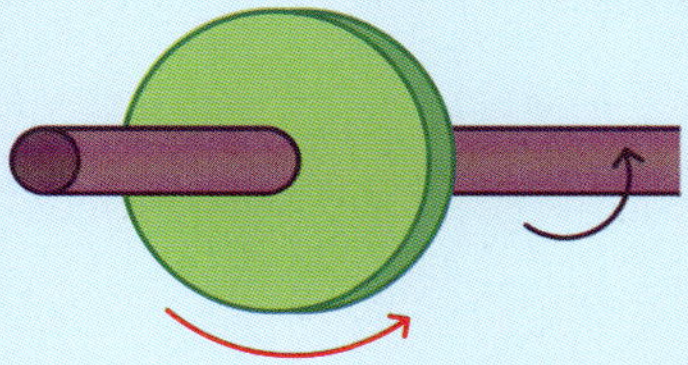

Der Bleistift wirkt wie eine Achse. Er ließ sich leichter drehen, als du die größere Scheibe gedreht hast. Das liegt daran, dass, wie bei der schiefen Ebene (S. 25) oder dem Hebel (S. 31), bei der größeren Scheibe der Kraftaufwand über eine längere Strecke verteilt wird. Bei Fahrzeugen wird das Drehmoment der Achse auf die Räder übertragen, und je größer das Rad ist, desto mehr Strecke kann mit der gleichen Kraftmenge von der Achse zurückgelegt werden.

TOTAL VON DER ROLLE

Ohne dich sehr anzustrengen, kannst du stark sein wie zwei – gewusst wie!

1 Schneide ein 6 m langes Stück Schnur ab.

Lass dir helfen!

Flaschenzug-Test:

Du brauchst eine große Plastikflasche mit Griff und Deckel, außerdem eine reißfeste Schnur und eine stabil verankerte Querstange. Wenn du keine passende Stange hast, tut es auch ein Geländer.

Fülle die Flasche mit Wasser und schraube sie fest zu. Binde die Schnur am Griff der Flasche fest und schlinge sie um die Stange. Lege die Flasche auf den Boden und hebe sie hoch, indem du am freien Ende der Schnur ziehst. Wie oft kannst du die Schnur um die Stange schlingen? Warum wird es dadurch einfacher, die Flasche zu heben?

2 Lege zwei Stangen, A und B, in 60 cm Entfernung nebeneinander auf den Boden. Binde das eine Ende der Schnur an Stange A fest (s. Abb.) und schlinge die Schnur mindestens dreimal um beide Stangen.

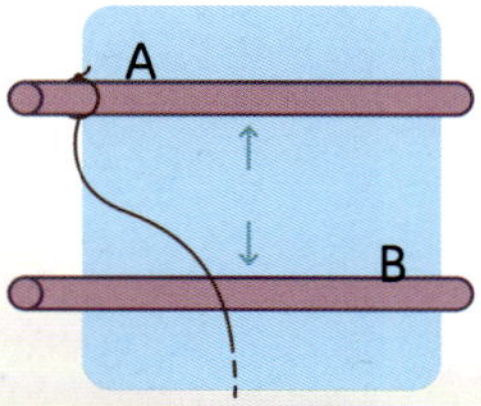

Du brauchst ...

- 6 m Hanfschnur
- Schere
- 2 stabile Stäbe
- Maßband
- 2 Freunde

EXTRA-WISSEN

Der Sage nach soll der griechische Physiker und Ingenieur Archimedes (287–212 v. Chr.) mithilfe von Flaschenzügen ein Schiff an Land gezogen haben – ganz alleine!

3 Bitte Freund 1, ohne die Schnur zu berühren, mit beiden Händen Stange A festzuhalten. Bitte Freund 2, auf die gleiche Weise Stange B festzuhalten (s. Abb.).

4 Deine Freunde versuchen, die Stangen voneinander wegzuziehen, du ziehst am Ende der Schnur.

Gut erklärt: FLASCHENZÜGE UND KRAFT

Die Schnur und die Stangen ergeben einen Flaschenzug. Wie bei Hebel, Rad und schiefer Ebene wird die Kraft auf eine längere Strecke verteilt: Es ist weniger anstrengend, eine Last hochzuheben, wenn sie an einem Seil über eine längere Strecke gezogen wird.

Echte Flaschenzüge benutzen Rollen statt Stangen. Wenn du eine Last hebst, helfen die Rollen, deren Gewicht zu tragen. Sie führen das Seil über eine längere Strecke. Je mehr Rollen beteiligt sind, desto weniger Kraft musst du pro Zeiteinheit aufwenden, um die Last zu bewegen.

WIE DIE ZEIT VERRINNT!

Jetzt kommt Bewegung in die Sache!
In diesem Experiment findest du heraus, wie du mit Wasser eine Uhr antreiben kannst!

Lass dir helfen!

1 Nimm die Plastikflasche und zeichne etwas oberhalb der Hälfte rundum eine Linie ein. Bitte einen Erwachsenen, die Flasche entlang der Linie aufzuschneiden.

Lass dir helfen!

2 Bitte einen Erwachsenen, mit einer Ahle oder mit Hammer und Nagel ein 3 mm breites Loch in den Deckel zu bohren.

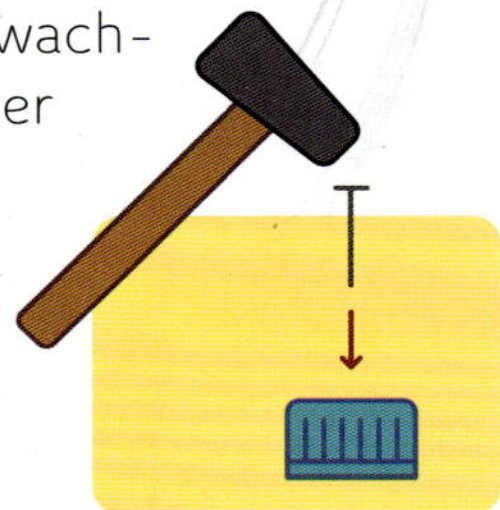

3 Schraube den Deckel auf den Flaschenhals. Drehe die obere Hälfte der Flasche um und stecke sie in die untere Hälfte. Der Verschluss sollte etwa 10 cm über dem Flaschenboden sein.

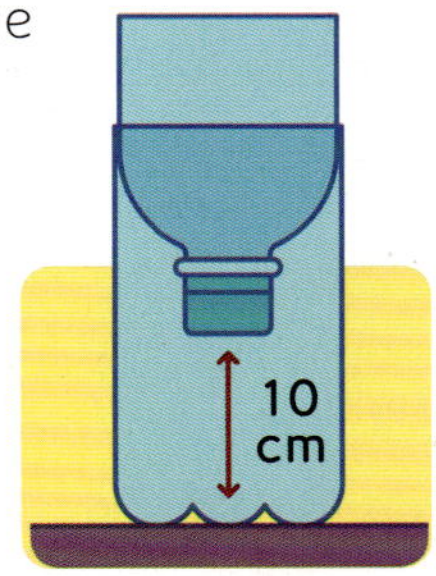

4 Gieße 800 ml Wasser in die obere Flaschenhälfte. Das Wasser sollte in die untere Hälfte tropfen. Markiere alle 60 Sekunden den Wasserstand mit einem Strich, bis alles Wasser heruntergetropft ist.

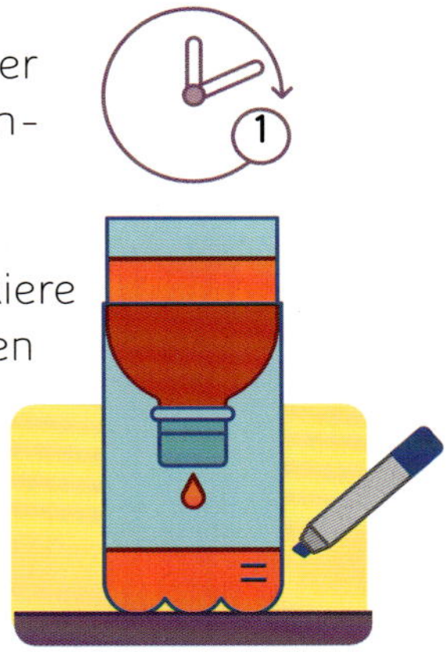

5 Schütte das Wasser aus und wiederhole Schritt 4. Vergleiche die Markierungen mit denen vom ersten Mal. Kannst du dir erklären, warum die Markierungen nicht den gleichen Abstand voneinander haben?

EXTRA-WISSEN

Wenn du 10 m tief unter Wasser bist, ist der Druck, der auf deinen Körper wirkt, doppelt so hoch wie der Luftdruck. In 2.500 m Tiefe ist der Wasserdruck auf deinen großen Zeh so hoch, als würde ein Elefant auf ihm stehen.

Um die Etiketten zu lösen, kannst du die Flasche in warmes Seifenwasser einweichen. Nach einer Weile lassen sich die Etiketten leicht entfernen.

Du brauchst ...

- große Plastikflasche (2 l) mit Deckel
- Filzstift
- Schere
- Lineal
- Ahle (oder Hammer und Nagel)
- Messbecher
- Wasser
- Timer mit Sekundenanzeige

Gut erklärt: WASSERDRUCK UND SCHWERKRAFT

Gratulation! Du hast eine Wasseruhr gebaut, oder wie die alten Griechen sagen würden, eine *Klepsydra*. Die Energie, die das Wasser bewegt, kommt von der Schwerkraft, die auf das Wasser wirkt. Dies erzeugt eine Kraft, die als Wasserdruck bezeichnet wird. Der Wasserdruck steigt mit zunehmender Tiefe. Deshalb tropfte das Wasser schneller, als die obere Hälfte der Flasche voll war. Je leerer die obere Hälfte wurde, desto langsamer tropfte das Wasser. Das führte dazu, dass die Minuten-Markierungen weiter voneinander entfernt waren. Der Wasserdruck spielt bei Ingenieurprojekten, bei denen Wasser involviert ist, eine wichtige Rolle. U-Boote müssen z. B. dem hohen Wasserdruck in der Tiefe des Ozeans standhalten.

RÄTSELHAFTE FLIESSRICHTUNG

Jeder weiß, dass Wasser bergab fließt. Das bedeutet: Wenn es bergauf fließt, verstößt das gegen die Naturgesetze – oder nicht?

Hinweis:
Bei diesem Experiment wird Wasser verschüttet. Lebensmittelfarbe färbt Kleidung und Hände. Trage alte Kleidung und führe das Experiment am besten draußen durch.

1 Schneide ein 96 cm langes Stück von einem dünnen Schlauch ab. Klebe ein Ende des Schlauchs mit Gewebeband wie abgebildet seitlich am Boden der Flasche fest. Das Ende soll seitlich 1,5 cm überstehen.

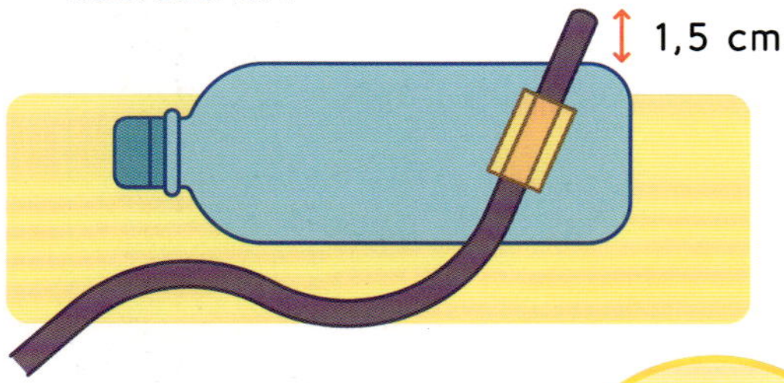

2 Wickele den Schlauch spiralförmig fünfmal um die Flasche. Klebe das andere Ende mit Gewebeband unterhalb des Flaschenhalses fest. Das Ende sollte 1,5 cm überstehen.

Wickele den Schlauch etwa gleichmäßig um die Flasche.

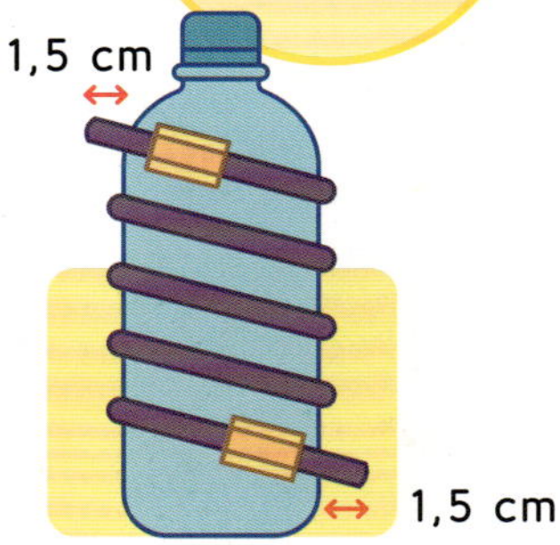

3 Klebe den Schlauch an weiteren Stellen an der Flasche fest, damit er nicht verrutschen kann.

4 Fülle Wasser in eine Schüssel, färbe es mit einigen Tropfen Lebensmittelfarbe und stelle die Flasche hinein. Stelle eine zweite leere Schüssel auf ein paar Bücher, sodass sie unter dem oberen Ende des Schlauchs steht.

5 Halte die Flasche schräg und fange an, sie zu drehen. Beobachte, wohin das Wasser fließt. Was passiert, wenn du die Flasche andersherum drehst?

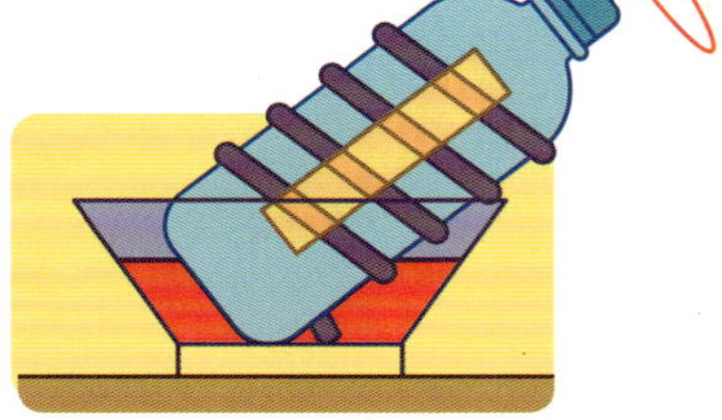

Gut erklärt:
SCHWERKRAFT, FLÜSSIGKEITEN UND SCHRAUBEN

Diese einfache Pumpe nennt man Archimedische Schraube. Archimedes, ein Wissenschaftler und Ingenieur im antiken Griechenland (s. S. 35), beschrieb diese Wasserhebeanlage als erster. Angetrieben wird sie durch das Drehen der Flasche und die Schwerkraft.

Wenn du beginnst, die Flasche zu drehen, füllt sich das untere Ende des Schlauchs mit Wasser. Wenn du weiterdrehst, bewegt es sich den Schlauch hinauf. Das geschieht, weil die Schlauchwindung kurzzeitig nach unten zeigt und das Wasser dort der Schwerkraft folgt. Mit jeder Drehung wird mehr Wasser aufgenommen, und das Wasser im Schlauch wird nach oben befördert, bis es am oberen Ende austritt.

Du brauchst ...

- Maßband
- Schere
- dünnen Plastikschlauch
- wasserfestes Gewebeband
- Plastikflasche (500 ml)
- 2 Schüsseln
- Wasser
- Lebensmittelfarbe

Dünne Plastikschläuche gibt es z. B. in Aquaristik-Geschäften.

Mithilfe von Luft kannst du Wasser dazu bringen, bergauf zu fließen. Viel Spaß mit Kolben und Saugheber ...

Du brauchst ...

- Pumpe eines Seifenspenders
- 2 Wassergläser
- Eimer
- dünnen Plastikschlauch
- Lebensmittelfarbe (nach Belieben)

1 Schraube die Pumpe eines Flüssigseifenspenders ab. Entferne unter fließendem Wasser alle Seifenreste.

2 Stelle zwei Gläser nebeneinander und fülle eines mit Wasser.

3 Stelle die Seifenpumpe so ins gefüllte Glas, dass sich die Austrittsöffnung über dem leeren Glas befindet. Drücke auf den Pumpenhebel und beobachte, wie das Wasser ins leere Glas fließt.

Schlauch-Test:

Fülle das Waschbecken mit kaltem Wasser und stelle einen Eimer davor auf den Boden. Nimm einen dünnen Plastikschlauch, stecke ein Ende ins Wasser und sauge am anderen Ende die Luft heraus. Dadurch steigt das Wasser im Schlauch nach oben. Halte das eine Ende unter Wasser und das andere Ende über den Eimer. Wie durch ein Wunder wird das Wasser durch den Schlauch fließen, von ganz allein! Das ist der Saughebereffekt. Indem du die Luft heraussaugst, entsteht ein Unterdruck im Schlauch. Dadurch kann das Wasser in den Schlauch fließen. Da das Wasser, der Schwerkraft folgend, in den Eimer hinabfließt, wird weiteres Wasser aus dem Waschbecken in den Schlauch gezogen.

Gut erklärt:
KOLBEN, VENTIL UND LUFTDRUCK

Im Zylinder befinden sich ein Kolben, eine Feder und eine Kugel. Die Kugel wirkt als Ventil – eine Vorrichtung, welche den Flüssigkeitszulauf kontrolliert. Ein Kolben ist eine Scheibe am Ende einer Stange, die sich in einer Röhre auf- und abbewegt.

Die Pumpe funktioniert wie folgt:

1. Wenn du den Hebel drückst, wird die Feder gestaucht und der Kolben nach unten gedrückt. Der Kolben drückt auf die Kugel, sodass diese die untere Öffnung des Zylinders verschließt.
2. Aus dem Dispenser tritt Luft aus.
3. Wenn du den Hebel loslässt, löst sich die Feder, der Kolben hebt sich und die Kugel ebenfalls. Weil der Luftdruck im Zylinder jetzt niedriger ist, wird Wasser durch den Schlauch nach oben gezogen, um den Druck wieder auszugleichen.
4. Wenn du den Hebel noch einmal drückst, kommt dieses Mal Wasser statt Luft aus dem Dispenser. Diese Pumpe funktioniert mithilfe deiner Muskelkraft und der Kraft des Luftdrucks.

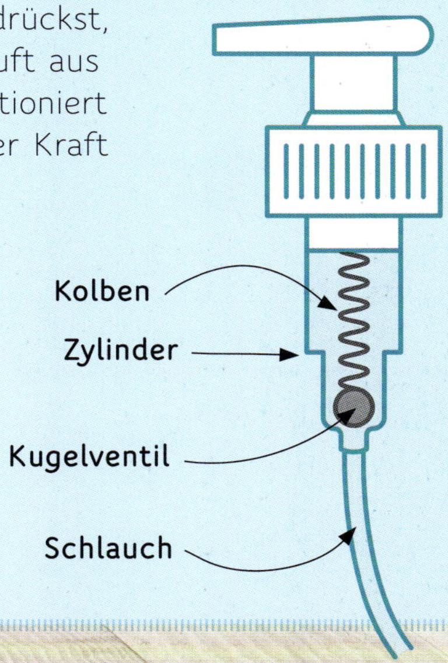

Das Experiment macht noch mehr Spaß, wenn du bunte Lebensmittelfarbe ins Wasser rührst.

KRAFT-RAD

Getriebe sind Bestandteil vieler Maschinen, von der Uhr bis zum Auto. Entdecke, wie du mit einem Getriebe den Energiefluss lenken kannst, und bastele dein eigenes Sperrgetriebe!

1 Zeichne mit einem Zirkel einen Kreis von 12 cm Durchmesser auf dünnen Karton.

2 Zeichne einen zweiten, kleineren Kreis in den ersten mit einem Durchmesser von 10 cm (die Zirkelnadel steckt im gleichen Loch).

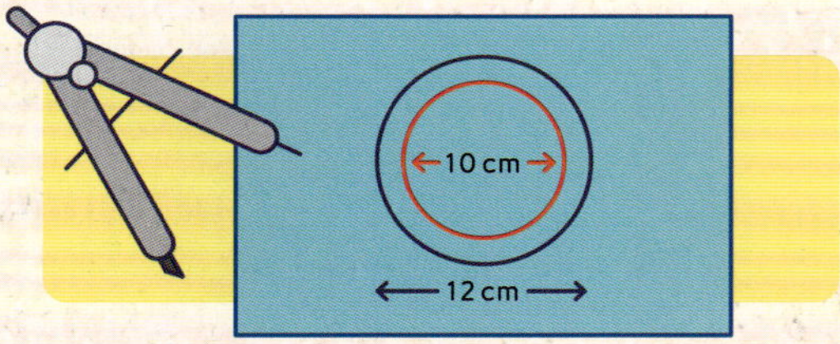

3 Zwischen die beiden Kreislinien zeichnest du die Zahnung (s. Abb.). Zeichne die Zähne gleichmäßig. Schneide nun deine Sperrrad-Schablone aus.

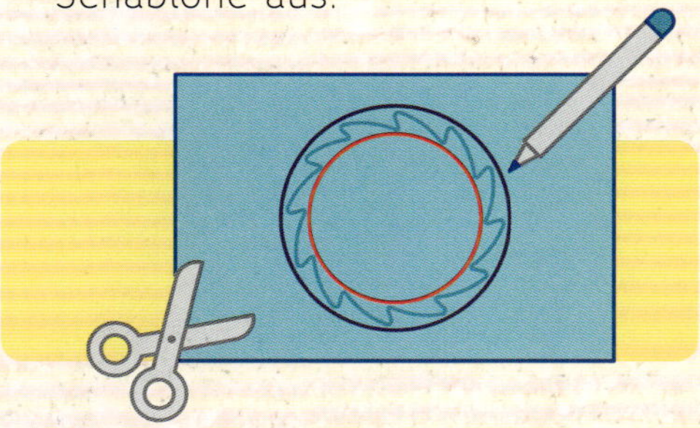

4 Lege die Schablone auf einen Pappteller, übertrage mit einem Bleistift die Umrisse und schneide die Form aus. Jetzt hast du ein stabileres Sperrrad.

5 Stecke eine Pinnnadel in die Mitte deines Sperrrads und hefte es auf eine Korkplatte.

6 Übertrage die Umrisse der abgebildeten Sperrklinke (Sperre) mit den angegebenen Maßen auf Papier.

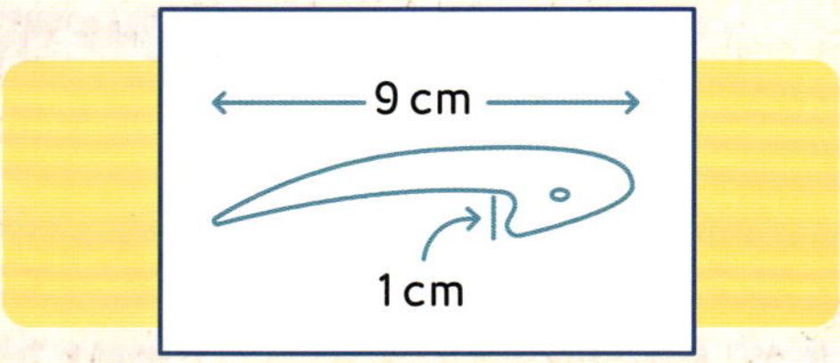

7 Schneide die Sperre aus und lege sie auf dicke Pappe. Male die Umrisse nach und schneide sie aus. Danach schneidest du ein 8 x 2 cm großes Rechteck aus der Pappe aus.

8 Hefte deine Papp-Sperre mithilfe des Rechtecks wie abgebildet auf die Korkplatte. Drehe das Sperrrad. Lässt es sich in beide Richtungen gleich gut drehen?

Du brauchst ...

- dünnen Karton
- Lineal
- Zirkel
- Bleistift
- Schere
- 4 Pinnnadeln
- Korkplatte
- Blatt Papier
- dicke Pappe
- Pappteller

Gut erklärt:
ZAHNRÄDER UND SPERRRÄDER

Was haben Uhren und Autos gemeinsam? In beiden stecken Zahnräder. Die meisten kann man in beide Richtungen drehen. Dein Sperrrad lässt sich aber nur in Uhrzeigerrichtung drehen. Sperrstücke findest du z. B. in Rollläden und mechanischen Uhren.

Ein Zahnrad überträgt Kraft, wenn seine Zähne in die Zähne eines anderen Zahnrads oder Maschinenteils greifen. Größere Zahnräder drehen sich langsamer, aber mit mehr Kraft als kleinere. Verbindet man ein größeres Zahnrad mit einem kleineren, verändert das Antriebskraft und Geschwindigkeit einer Bewegung.

RAKETENSTART

Viele Maschinen speichern Energie, bevor sie sie verbrauchen. Entdecke, wie du gespeicherte Energie freisetzen kannst, indem du eine Rakete startest. 5... 4... 3... 2... 1... Go!

ACHTUNG!
Deine Rakete benötigt viel Platz zum Fliegen! Richte sie niemals auf Menschen, Tiere, den fließenden Verkehr oder zerbrechliche Objekte!

1 Schneide ein Quadrat mit 10 cm Seitenlänge aus dem Pappteller aus. Halbiere das Quadrat diagonal, schneide von beiden Dreiecken die obere Ecke ab und schneide sie wie abgebildet ein. Das sind die Raketen-Finnen.

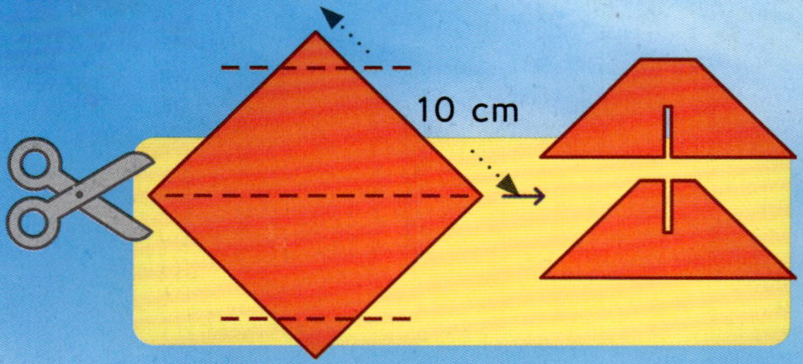

2 Nimm ein Stück Rohrisolierung (30 cm lang) und schneide das Rohr am unteren Ende viermal ein (s. Abb.).

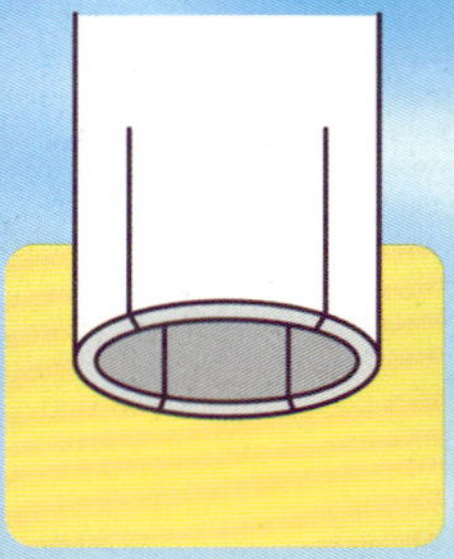

3 Stecke die Finnen zusammen, bringe das Kreuz in den Rohrschlitzen an und klebe es mit Gewebeband fest.

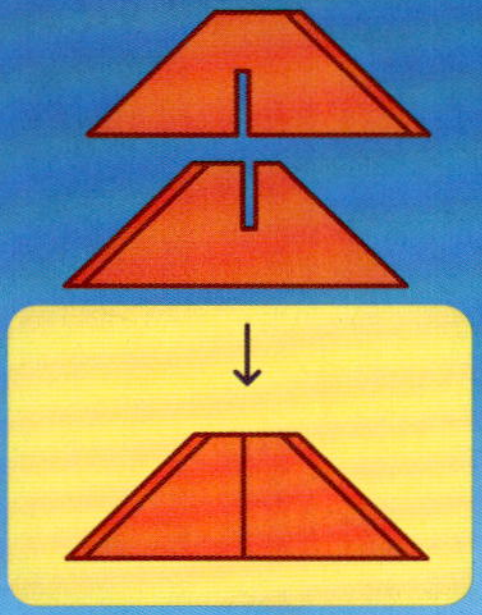

4 Halbiere ein 12 cm langes Stück Gewebeband der Länge nach und klebe die Hälften übereinander. Mit diesem verstärkten Klebeband machst du das Gummiband am oberen Ende des Rohrs fest. Wickele Gewebeband rund um das Rohr, um das doppellagige Klebeband zu fixieren.

5 Schneide einen Kreis mit 15 cm Durchmesser aus dünnem Karton aus, schneide ihn bis zur Mitte ein, rolle ihn zu einem Kegel und klebe ihn mit Gewebeband oben auf die Rakete. Falls du einen Deckel von einer Flüssigwaschmittel-Flasche hast, klebe ihn unten fest (als Motor).

Du brauchst ...

- Stift, Lineal und Schere
- Pappteller
- Rohrisolierung aus Schaumstoff, 30 cm lang, 5 cm Durchmesser
- Gewebeband
- breites Gummiband
- dünnen Karton
- Deckel einer Flüssig-waschmittel-Flasche
- splitterfreies Holz, ca. 12 cm lang, 2 cm breit, 2 cm dick
- Säge

Energiespeicher-Trick:

Welches Element nutzte die Pumpe auf Seite 41, um Energie zu speichern? Kennst du andere Geräte, die dieses Bauteil verwenden?

Antwort: Eine Feder. Federn findest du in vielen Geräten, z. B. in mechanischen Uhren zum Aufziehen.

6 Bitte einen Erwachsenen, in ein 12 x 2 x 2 cm großes Holzstück an einem Ende eine kleine Kerbe zu sägen. Das wird dein Raketenspanner. Hake das Gummiband an der Kerbe ein und spanne es maximal, indem du Rakete und Holz in entgegen-gesetzte Richtungen ziehst (s. Abb.). Löst du das Gummi von der Kerbe, schießt deine Rakete in den Himmel!

Lass dir helfen!

Gut erklärt:
TREIBSTOFF UND POTENZIELLE ENERGIE

Maschinen speichern Energie oft in Treibstofftanks. Die Energie für deine Rakete wird im Gummiband gespeichert. Wenn du das Gummi spannst, dehnst du mit deiner Muskelkraft die elastischen Moleküle des Gummis. Nun ist diese Energie gespeichert. Sobald du das Gummi loslässt, verwandelt sich die gespeicherte Energie in Bewegungsenergie für deine Rakete.

MASCHINE MIT ELEKTROMOTOR

Welche Kraft kann einen Apparat bewegen, ohne ihn zu berühren? Finde es heraus!

1 Wickele das Elektrokabel 30-mal um einen dicken Filzstift. Ziehe dann den Stift heraus, und du hast eine Drahtspule.

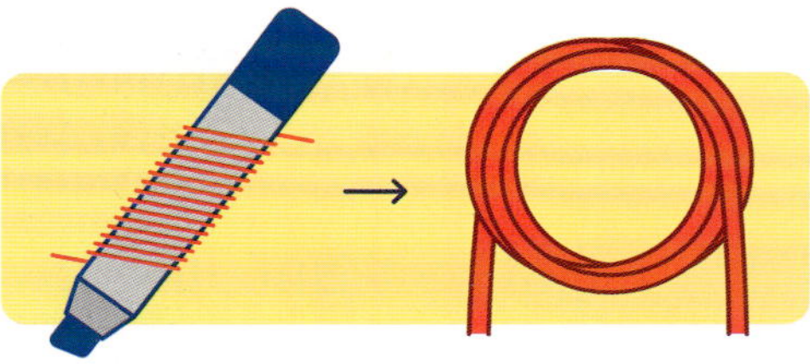

2 Schlinge die Drahtenden ein paar Mal wie abgebildet um die Spule, damit sie zusammenhält.

3 Kürze mithilfe eines Erwachsenen die Enden des Drahtes mit der Drahtzange auf etwa 7-8 cm Länge. Bitte deinen Helfer, mit einem scharfen Messer die obere Hälfte der Drahtenden von ihrer Isolierung zu befreien.

Lass dir helfen!

4 Fixiere die liegende Batterie mit Knetmasse oder Klebeknete, sodass sie nicht wegrollen kann.

Die Nadelöhre müssen groß genug sein, damit der Draht hindurchpasst.

Wenn nichts passiert, wickele den Draht für die Spule in der entgegengesetzten Richtung um den Stift.

Du brauchst ...

- einadriges Elektrokabel, ca. 3 m lang
- dicken Filzstift
- Drahtzange
- scharfes Messer
- eine große, runde 1,5 Volt Batterie
- Knetmasse oder Klebeknete
- zwei große Nähnadeln
- Isolierband
- Scheibenmagnet aus Ferrit

Gut erklärt:
ELEKTROMAGNETISMUS UND ELEKTROMOTOREN

Die Kraft, die die Spule dreht, heißt Elektromagnetismus. Ein elektrischer Strom fließt von der Batterie durch den Draht und zurück in die Batterie. Er erzeugt elektrische und magnetische Kräfte, und diese verwandeln die Spule in einen Magneten. Wenn die Spule sich dreht, wird sie vom Scheibenmagneten abgestoßen. Wäre bei den Drahtenden die gesamte Isolierung entfernt worden, hätte sich die Spule nicht mehr gedreht: Sie hätte den Magneten angezogen, was die Bewegung gestoppt hätte. Indem aber nur die halbe Isolierung entfernt wurde, wird der Stromfluss immer wieder unterbrochen und somit der Magnetismus der Spule an- und ausgeschaltet. Die Spule wird immer wieder abgestoßen und dreht sich weiter.

5 Fädele ein Drahtende durch das erste Nadelöhr, dann das andere Drahtende durch das zweite Öhr. Versuche, den Draht und die Spule dabei nicht zu verbiegen. Klebe die Nadeln mit Isolierband an den Polen der Batterie fest.

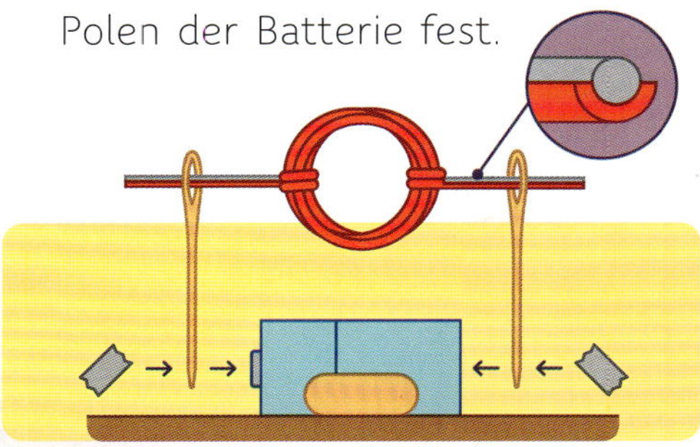

6 Klebe einen Scheibenmagneten oben auf die Batterie. Dann drehe vorsichtig die Spule. Was fällt dir auf?

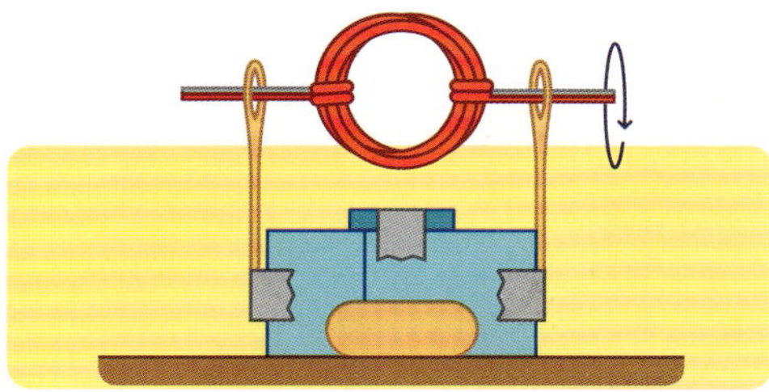

ACHTUNG!
Magnete und andere verschluckbare Kleinteile von Kleinkindern fernhalten! Der Scheibenmagnet muss aus Ferrit bestehen. Andere Materialien sind bei versehentlichem Verschlucken noch gefährlicher.

BAUE DIR EIN EIGENES AUTO!

Nicht nur Ingenieure bauen Autos: Auch du kannst dein eigenes Auto basteln – aus einer Wäscheklammer!

1 Schneide von einem Trinkhalm zwei 3 cm lange Stücke ab. Biege den Draht zweier Büroklammern gerade und stecke sie durch die Trinkhalmstücke. Das sind die Achsen deines Autos.

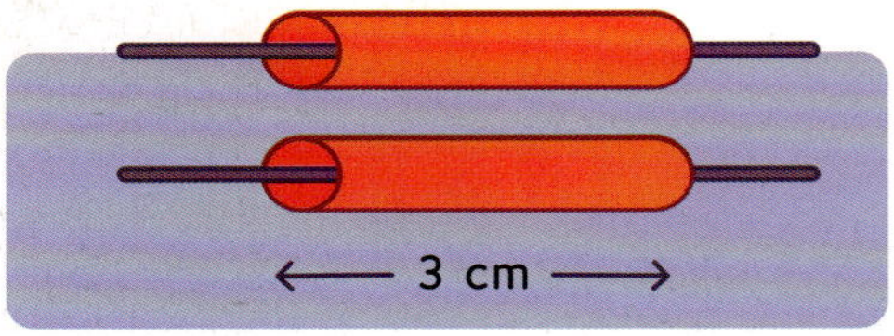

2 Für die Räder legst du den Drehverschluss eines leeren Getränkekartons auf ein Stück Pappe. Bitte einen Erwachsenen, mit einer Ahle ein Loch in die Mitte des Deckels zu bohren. Wiederhole diesen Vorgang mit den 3 restlichen Deckeln.

3 Führe die Drahtenden wie abgebildet durch die Deckel-Löcher, biege sie auf der Außenseite mit der Zange um und fixiere den Draht mit Klebeband.

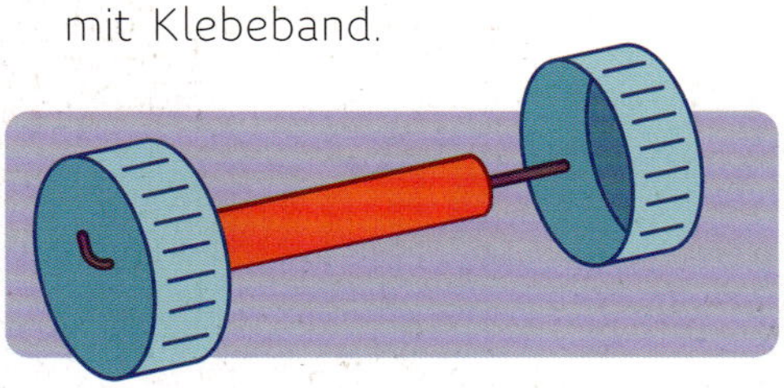

4 Stecke eine Achse durch die runde Öffnung der Wäscheklammer und klebe sie mit Klebeband fest. Schiebe die andere Achse zwischen die Schenkel der Wäscheklammer und umwickele die Schenkel mit Klebeband, damit die Achse nicht wegrutschen kann.

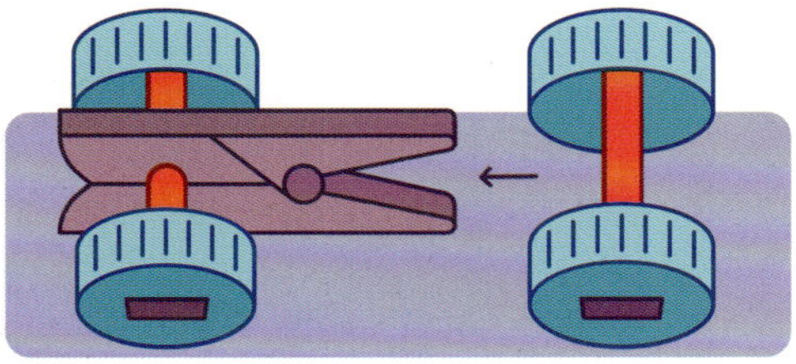

Gut erklärt: DREHBEWEGUNG

Wie du auf S. 33 gesehen hast, wandeln Räder die Leistung der sich drehenden Achse in eine Entfernung um, die zurückgelegt wird. Außerdem reduzieren sie die Reibung mit dem Untergrund. In diesem Experiment konnten sich die Achsen unabhängig vom Rest des Autos drehen. Alle Räder und Achsen funktionieren so.

Du brauchst ...

- Trinkhalm
- Lineal und Schere
- 2 Büroklammern
- 4 Getränkekarton-Schraubdeckel
- kleine Zange
- dicke Pappe
- Ahle
- Klebeband
- Hebel-Wäsche-klammern
- großes, glattes Brett
- einige Bücher

EXTRA-WISSEN

Eines der größten Räder der Welt ist das „High Roller" genannte Riesenrad in Las Vegas (USA). Es ist 167 m hoch!

5 Baue eine schräge Fläche, indem du ein Ende eines Brettes auf einen Stapel Bücher legst, und lass dein Auto den Hang hinunterflitzen!

Autorennen:

1. Baue ein zweites Auto und veranstalte ein Wettrennen!

2. Dein Auto hat keinen Motor. Kannst du ein Gummiband an deinem Wäscheklammer-Auto befestigen, damit du es wie die Rakete auf S. 44/45 antreiben kannst?

NICHTS ALS HEISSE LUFT

Was passiert mit Luft, die erwärmt wird? Finde es heraus, indem du einen Heißluftballon bastelst! Mache dich zum Abflug bereit …

WARNUNG!
1. Den FÖHN dürfen NUR ERWACHSENE BEDIENEN!
2. Den Föhn nicht länger als 5 Minuten am Stück betätigen, er kann sonst überhitzen!
3. Den Föhn nicht immer an die gleiche Stelle halten: das Plastik der Tüte könnte schmelzen!

Lass dir helfen!

1 Falte eine große Mülltüte auseinander und lege sie flach auf den Tisch. Klappe eine Ecke des Tütenbodens um und klebe sie mit Klebeband fest.

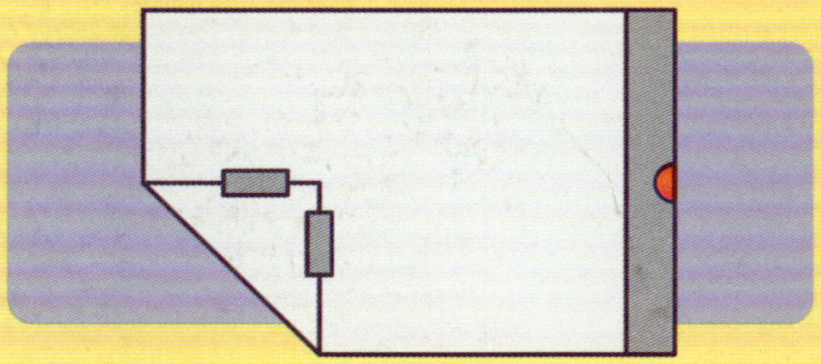

2 Wende die Tüte, klappe die andere Ecke des Tütenbodens um und klebe sie mit Klebeband fest.

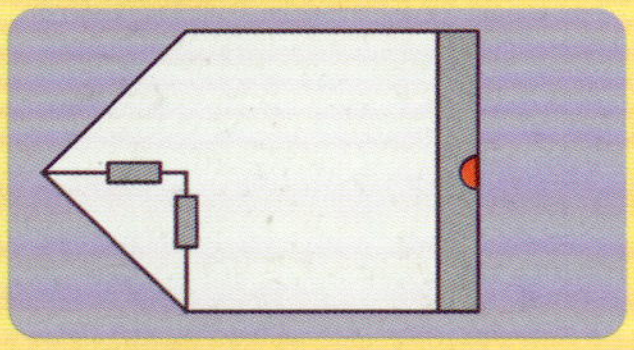

Wenn deine Tüte ein Zugband hat, gehe zu Schritt 3. Hat sie Griffe, gehe zu Schritt 5.

3 Wenn deine Mülltüte ein Zugband hat, ziehe das Band zusammen, bis die Öffnung der Tüte nur noch ca. 15 cm groß ist.

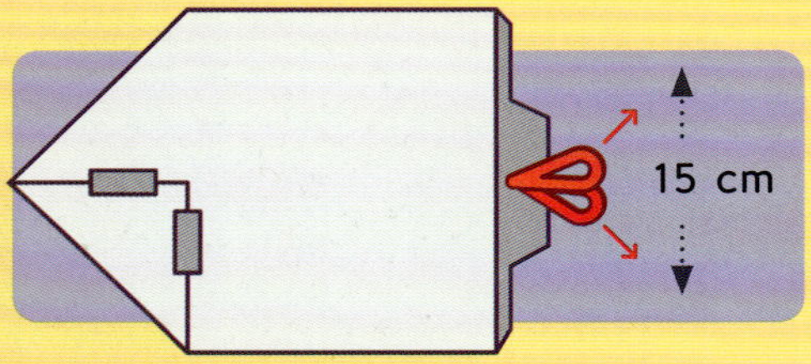

4 Verstärke den Rand der Tüte mit Klebeband und klebe auch das Zugband seitlich fest. Schlage den Rand etwa 2–3 cm breit nach außen um und klebe ihn rundum mit Klebeband fest. Weiter geht es mit Schritt 7.

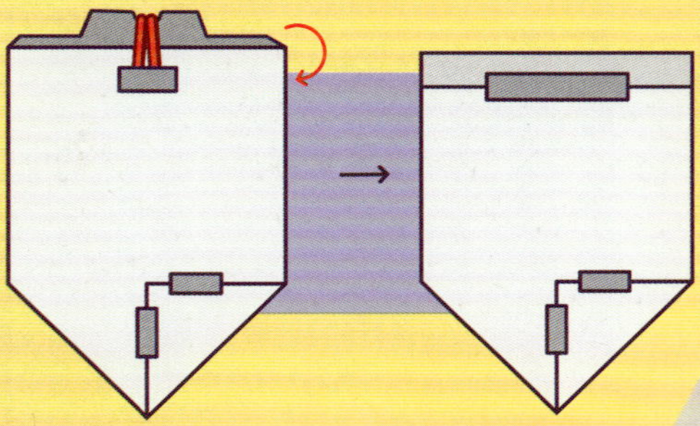

Du brauchst …

- große Mülltüte
- breites Klebeband
- Lineal
- Schere
- Föhn
- Baumwollfaden
- Luftballon
- große Plastikflasche (2 l)
- 2 Schüsseln
- Eiswürfel
- heißes Waser
- Verlängerungskabel

Die Mülltüte sollte so leicht wie möglich sein. Am besten eine mit Zugband.

EXTRA-WISSEN

Den Heißluftballon haben die Brüder Montgolfier 1783 in Frankreich erfunden.

5 Wenn deine Tüte Griffe hat, schneide sie ab. Schlage den Rand der Öffnung etwa 3 cm breit nach außen um und klebe ihn rundum mit Klebeband fest.

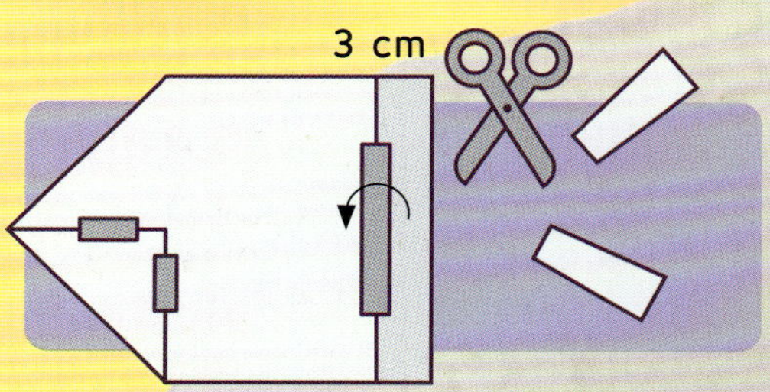

6 Schneide an zwei Seiten der Öffnung (s. Abb.) einen Halbkreis aus.

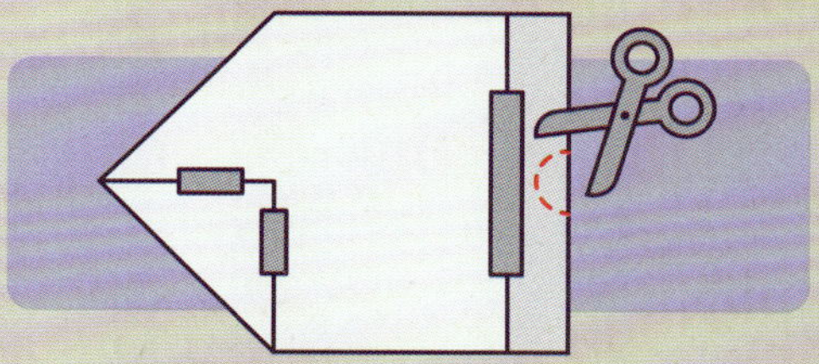

7 Ziehe die Seiten auseinander, sodass eine runde Öffnung entsteht. Halte die Tüte senkrecht und lass etwas Luft hineinströmen.

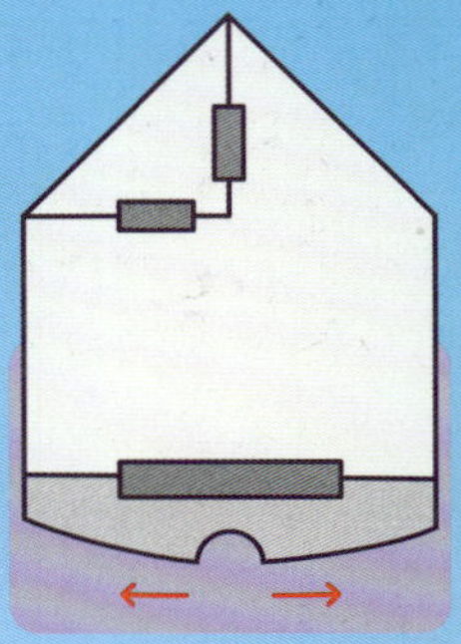

8 Warte auf einen kühlen, windstillen Tag und gehe mit deiner Tüte nach draußen. Schneide von einer Rolle Baumwollfaden so viele Meter ab, wie dein Ballon in die Höhe fliegen soll, und klebe ein Fadenende unten an deiner Tüte fest.

Noch ein Heißluft-Test:

Blase einen Luftballon auf und lass die Luft wieder heraus. Stülpe die Öffnung des Ballons über den Hals einer leeren 2 l-Flasche. Fülle in eine Schüssel Eiswürfel und kaltes Wasser, in die andere heißes Wasser.

1. Stelle die Flasche einige Minuten in die heiße Schüssel.

2. Stelle die Flasche dann in die kalte Schüssel.

3. Wiederhole die Schritte 1 und 2.

Kannst du erklären, wie sich Wärme/Kälte und Luftdruck auf den Ballon auswirken?

Antwort: Die heiße Schüssel erwärmt die Luft in der Flasche. Die Luft dehnt sich aus und füllt den Ballon. Die kalte Schüssel kühlt die Luft, diese zieht sich zusammen und aus dem Ballon entweicht die Luft.

9 Stelle den Föhn auf höchste Stufe, aber schalte ihn noch nicht an! Halte die Tüte fest, und dein erwachsener Helfer schiebt die Föhn-Öffnung durch das Loch in die Tüte hinein. Jetzt wird der Föhn eingeschaltet. Sobald sich die Seiten der Tüte nach außen wölben, lässt du die Tüte los (halte das freie Fadenende fest!) und wartest ab, was geschieht.

Lass dir helfen!

Heißes Wasser aus dem Wasserhahn kann sehr heiß sein. Pass auf, dass du dich nicht verbrühst!

EXTRA-WISSEN

Die ersten Passagiere, die in einem Heißluftballon geflogen sind, waren zwei Vögel und ein Schaf.

Gut erklärt: LUFT, WÄRME UND LUFTDRUCK

Wenn sich die Luft im Müllsack erwärmt, blähen sich die Seitenwände auf und die Tüte steigt nach oben, sinkt aber nach kurzer Zeit wieder herab.

Der Müllsack wird zum Heißluftballon. Luft ist eine Mischung aus verschiedenen Gasen, hauptsächlich Stickstoff und Sauerstoff. Wenn Luft sich erwärmt, gewinnen die Gasmoleküle an Bewegungs-Energie. Das erhöht den Luftdruck, deshalb wölben sich die Wände des Müllsacks nach außen.

Dabei entweicht auch Luft durch die offene Unterseite. Die Tüte nimmt mehr Raum ein, enthält aber weniger Luft und ist dadurch leichter als das gleiche Volumen an kühlerer Luft – die Tüte steigt auf.

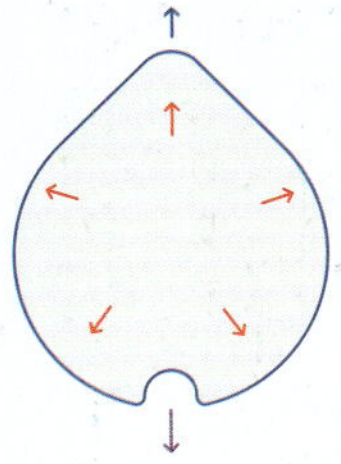

Wenn die Luft wieder abkühlt, fällt der Luftdruck. Kühlere Luft von außen strömt in den Sack, er wird schwerer, und die Schwerkraft zieht ihn wieder nach unten.

AUF TAUCHGANG

Finde heraus, wie ein U-Boot funktioniert, indem du selbst eines baust. Dafür musst du kein Millionär sein!

ACHTUNG!
Lass dein U-Boot NIE in einem Teich oder irgendeinem tiefen Gewässer schwimmen!

1 Entferne den Deckel der Plastikflasche. Bitte einen Erwachsenen, mit einer spitzen, scharfen Schere drei Löcher (je 1 cm breit) auf einer Höhe seitlich in die Flasche zu schneiden.

Lass dir helfen!

2 Klebe die Tafelmesser mit Gewebeband ober- und unterhalb der Löcher (s. Abb.) an der Flasche fest. Achte darauf, dass du die Löcher nicht zuklebst!

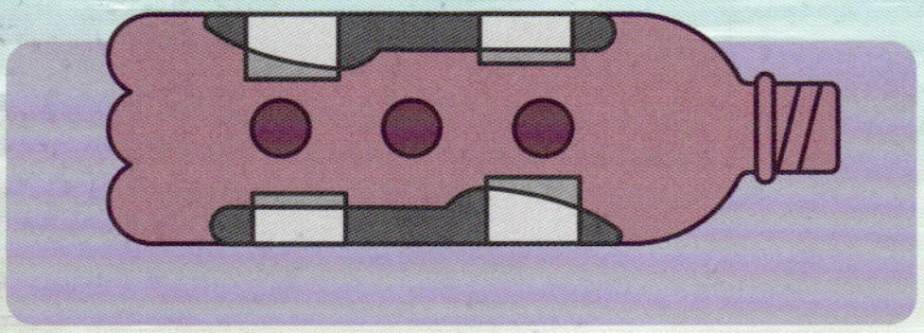

3 Bitte einen Erwachsenen, in den Deckel der Plastikflasche mit der Ahle oder mit Hammer und Nagel ein Loch zu bohren, das groß genug ist, dass der Plastikschlauch hindurchpasst.

Lass dir helfen!

4 Schiebe den Schlauch von oben 4 cm tief durch das Loch hindurch.

5 Stülpe auf beiden Seiten des Deckels einen passenden Dichtungsring über den Schlauch und schiebe die Ringe bis zum Deckel. Dichte die Verbindungen zwischen Dichtung und Schlauch mit Klebeknete ab.

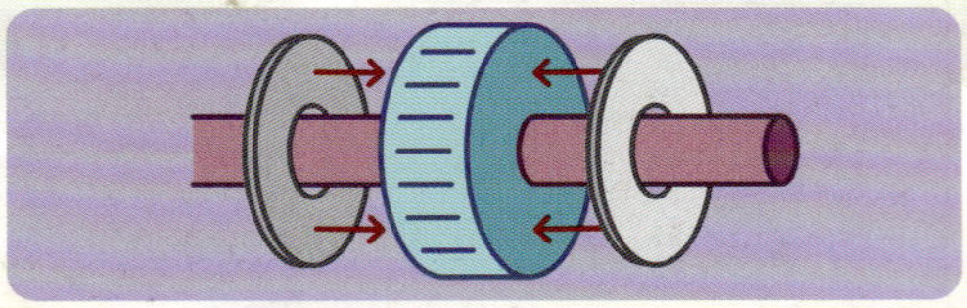

Du brauchst ...

- große Plastikflasche (2 l) mit Schraubdeckel
- spitze, scharfe Schere
- 2 Tafelmesser mit abgerundeter Spitze
- Ahle (oder Hammer und Nagel)
- dünnen Plastikschlauch, 50 cm lang
- 2 Dichtungsringe aus Gummi
- Gewebeband
- Klebeknete
- Kreppband
- Badewanne mit Wasser

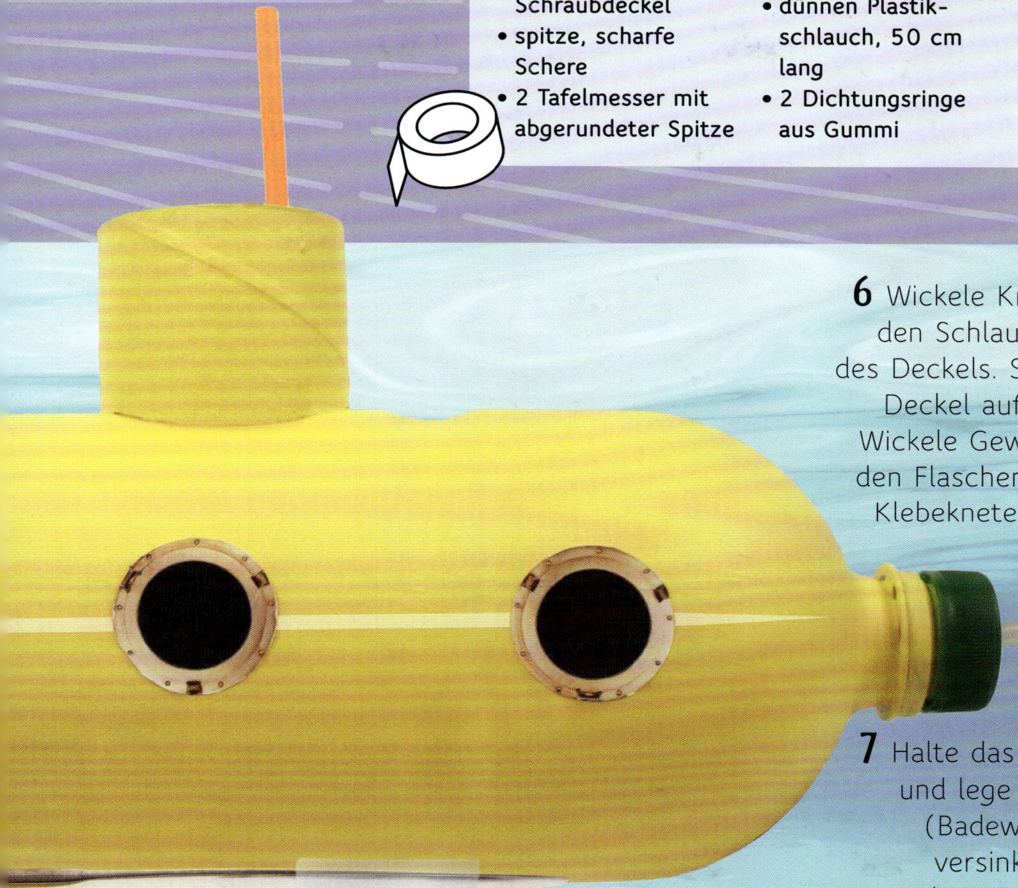

6 Wickele Kreppband um den Schlauch unterhalb des Deckels. Schraube den Deckel auf die Flasche. Wickele Gewebeband um den Flaschenhals und die Klebeknete-Verbindung.

7 Halte das freie Schlauchende fest und lege dein U-Boot ins Wasser (Badewanne). Schau zu, wie es versinkt und Wasser durch die Löcher eindringt. Zum Auftauchen blase Luft durch den Schlauch!

Gut erklärt:
OBEN SCHWIMMEN ODER ABTAUCHEN

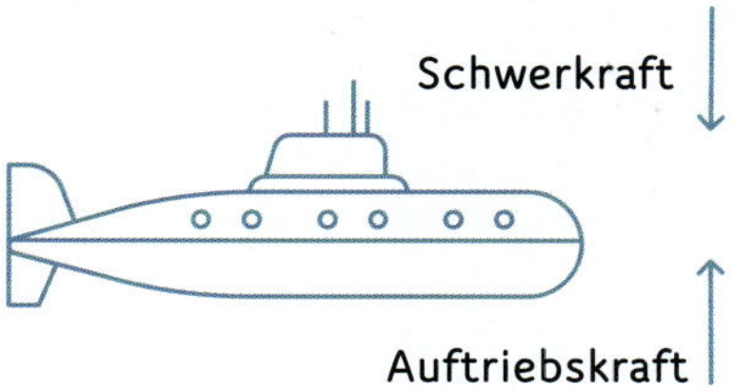

Durch die angeklebten Messer ist dein U-Boot schwerer als sein eigenes Fassungsvermögen an Wasser. Deshalb sinkt es, wenn es sich mit Wasser füllt. Die Schwerkraft, die das U-Boot nach unten zieht, ist stärker als die nach oben gerichtete Auftriebskraft des Wassers.

Wenn du Luft in das U-Boot pustest, wird etwas von dem Wasser im Innern herausgedrückt. Dadurch wird das U-Boot leichter. Die Auftriebskraft ist nun stärker als die Schwerkraft – das U-Boot schwimmt. Echte U-Boote funktionieren ähnlich: Sie füllen und leeren ihre Wassertanks.

DER RASENDE LUFTBALLON

Düsentriebwerke, Propeller und Raketen basieren auf dem gleichen Prinzip: Wenn hinten Luft ausgestoßen wird, bewegen sie sich nach vorne!

1 Stelle die Stühle in 5–8 m Abstand auf. Knote das Ende des Fadens an einen der Stühle. Rolle so viel Faden ab, wie du brauchst, um den anderen Stuhl zu erreichen, und schneide die entsprechende Länge ab.

2 Schneide zwei 4 cm lange Stücke vom Trinkhalm und zwei 4 cm lange Stücke Klebeband ab. Blase den Luftballon auf und lass die Luft wieder entweichen. Mache das dreimal, damit er elastisch wird.

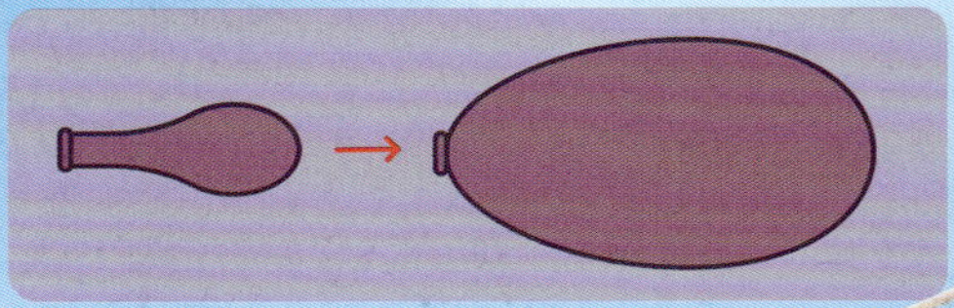

3 Blase den Luftballon halb auf und bitte deinen Helfer, den Hals des Ballons zusammenzudrücken, damit keine Luft entweicht. Klebe die beiden Trinkhalmstücke wie abgebildet in einer Linie mit den Klebebandstücken am Ballon fest.

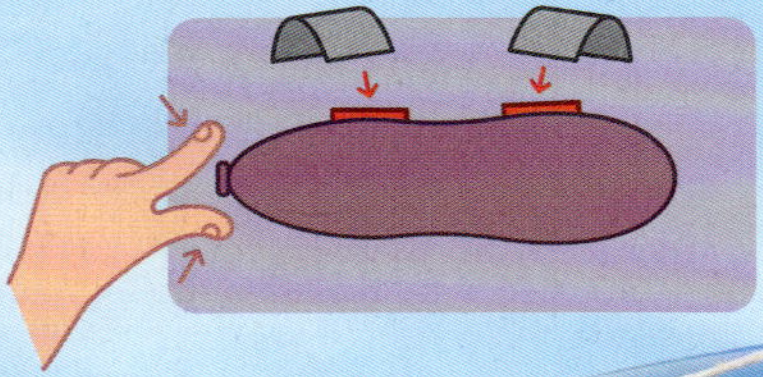

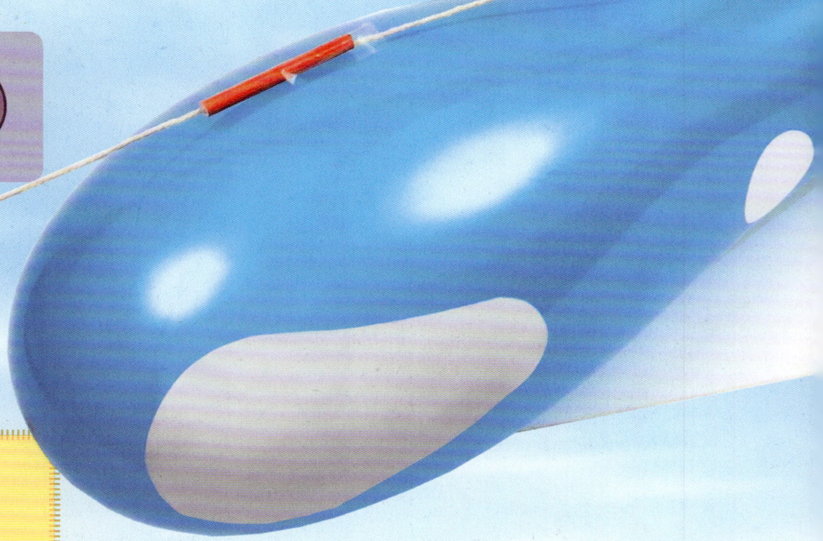

EXTRA-WISSEN

Die von Isaac Newton (1642–1727) formulierten „Grundgesetze der Bewegung" gelten prinzipiell für alles, was sich im Universum bewegt.

4 Lass die Luft aus dem Ballon. Fädele das freie Ende des Fadens durch die Trinkhalme und knote den gespannten Faden am anderen Stuhl fest. Blase jetzt den Luftballon ganz auf und lass los!

Du brauchst ...

- 2 Stühle
- Maßband
- Rolle Bindfaden
- Schere
- Trinkhalm
- breites Klebeband
- Luftballon (am besten längliche Form)
- einen Helfer

Probiere verschiedene Ballongrößen und -formen aus! Welche bewegen sich am schnellsten?

Gut erklärt:
DIE NEWTONSCHEN GESETZE

Wenn die Luft aus dem Luftballon entweicht, rast der Ballon die Schnur entlang. Die Erklärung liefert das dritte Newtonsche Gesetz: Zu jeder Kraft gibt es eine gleich große, aber entgegengerichtete Kraft. Strömt die Luft aus dem Ballon nach hinten, bewegt sich der Ballon vorwärts.

Die anderen beiden Gesetze Newtons lauten, bezogen auf den Luftballon:

Erstes Gesetz: Ein Ballon in Ruhe bewegt sich nicht. Ein Ballon in Bewegung bewegt sich in gleichbleibender Richtung fort, solange keine andere Kraft auf ihn einwirkt.

Zweites Gesetz: Der Luftballon bewegt sich in Richtung der Kraft, die auf ihn wirkt. Seine Beschleunigung hängt von seiner Masse und der Stärke der Kraft ab. Mehr Kraft führt zu mehr Geschwindigkeit.

Prüfe das dritte Newtonsche Gesetz:

Stelle dich auf ein Skateboard oder auf Rollschuhe und drücke mit der Hand gegen die Wand. Was passiert? Erkläre es mit dem dritten Newtonschen Gesetz!

Antwort: Du bewegst dich von der Wand weg. Das liegt daran, dass der Druck deiner Hand eine gleich große Gegenkraft hervorruft, die von der Wand wegführt.

BACKPULVER-RENNBOOT

Kluge Ingenieure müssen nicht rudern, sondern lassen die Chemie die Arbeit erledigen!

1 Zeichne mit dem Filzstift einen Boot-Umriss auf eine Dämmplatte.

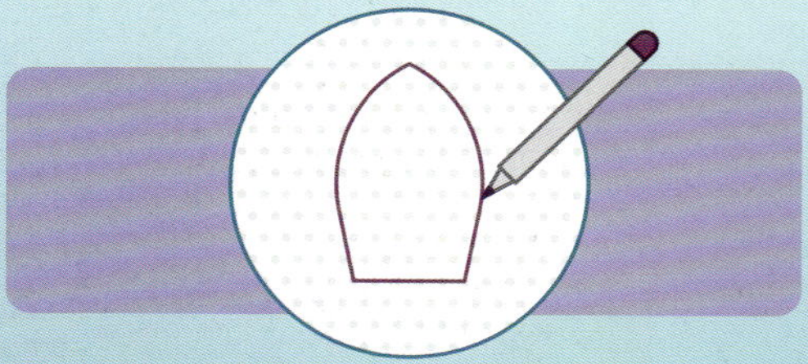

2 Schneide die Form aus. Klebe den Schraubdeckel der Plastikflasche mit der offenen Seite nach oben auf das vordere, spitze Ende.

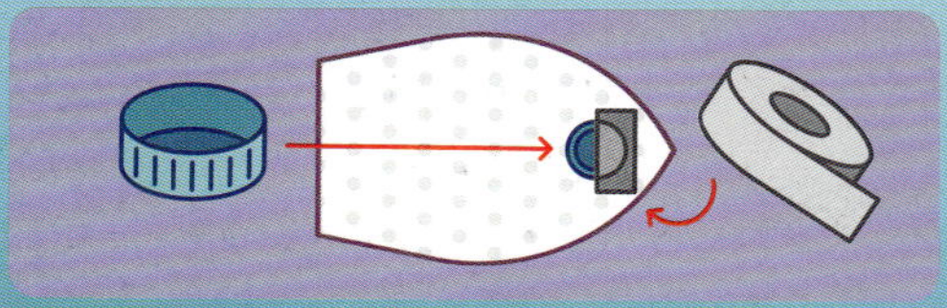

3 Schneide zwei Trinkhalme zurecht und befestige sie wie abgebildet mithilfe von Gewebeband am Boot.

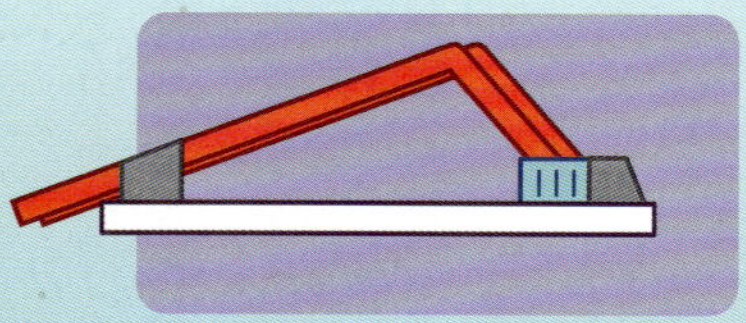

Anstelle von Gewebeband kannst du am Heck einen Streifen Dämmplatte über die Trinkhalme kleben, um sie zu fixieren.

Das große Backpulverboot-Rennen:

Bastele ein weiteres Boot und veranstalte mit anderen ein Bootsrennen. Haltet an der Rückseite von Boot 1 einen Kochlöffel aufrecht ins Wasser. Gebt den Essig zum Backpulver und verfolgt, bis wohin das Boot fährt. Dann messt ihr die Entfernung zwischen Kochlöffel und der Rückseite des Bootes. Dann ist Boot 2 an der Reihe! Welches Boot fährt die längere Strecke?

Du brauchst ...

- Dämm- oder Hartschaumplatte
- Filzstift
- Schere
- Schraubverschluss einer Plastikflasche
- Gewebeband
- 2 Trinkhalme mit Knick
- Backpulver
- Teelöffel
- Essig
- Holz-Kochlöffel
- Maßband

4 Gib zwei Teelöffel Backpulver in den Deckel.

5 Fülle die Badewanne oder das Spülbecken mit Wasser und setze dein Boot darauf. Gieße etwas Essig in den Deckel und beobachte, was passiert!

Gut erklärt:

DAS DRITTE NEWTONSCHE GESETZ UND POTENZIELLE ENERGIE

Im Schraubdeckel fand die gleiche chemische Reaktion statt, die du von S. 29 kennst. Die Base im Backpulver reagierte mit der Säure im Essig, und es entstand Kohlenstoffdioxid. Dieses Mal wurde das Gas durch die Trinkhalme geleitet und hinter dem Boot ins Wasser gedrückt. Dem dritten Newtonschen Gesetz (s. S. 57) zufolge, schob eine gleich große und entgegengesetzte Kraft dein Boot dadurch nach vorne.

Wie bei der Rakete mit Gummi-Antrieb (S. 44/45), war die Antriebsenergie für dein Boot gespeichert, dieses Mal nicht in Form von dehnbaren Molekülen, sondern in Stoffen, die eine chemische Reaktion auslösten. Diese sind, ähnlich wie der Kraftstoff, der viele Maschinen antreibt, Energiespeicher. Energie in gespeicherter Form wird als „Potenzielle Energie“ bezeichnet.

Style dein Boot, wie es dir gefällt! Du kannst z. B. Sitze basteln und eine bunte Flagge!

DA GEHT DIR EIN LICHT AUF!

In Stromkreisen fließt die Kraft, die alle elektrischen Geräte antreibt. Entdecke, wie ein einfacher Stromkreis funktioniert!

ACHTUNG!
Verwende AUSSCHLIESSLICH Zink-Kohle-Batterien! Andere Batteriearten könnten überhitzen!

Lass dir helfen!

1 Mache an beiden Seiten des Elektrokabels in 6–7 mm Entfernung vom Ende eine Markierung mit dem Filzstift. Entferne mithilfe eines Erwachsenen die Isolierung des Kabels bis zu den Markierungen.

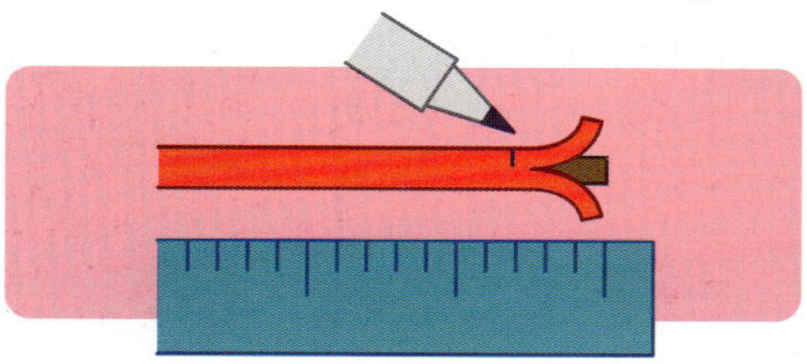

2 Befestige das eine Kabelende mit Klebeband am negativen Pol der Batterie.

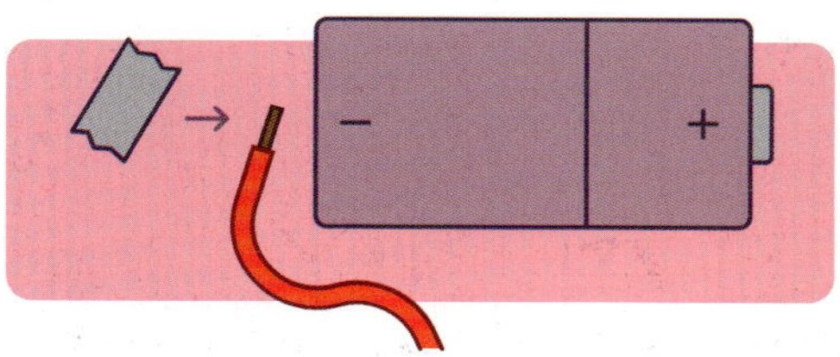

3 Halte die Unterseite der Mini-Glühbirne an den positiven Pol der Batterie. Führe das lose Drahtende an den Metallsockel der Glühbirne – das Lämpchen leuchtet!

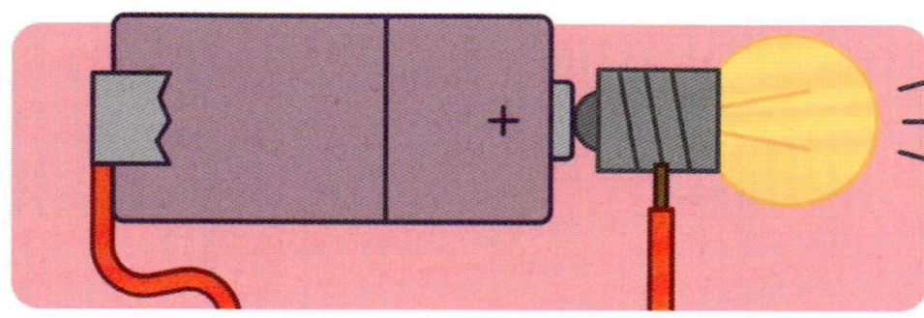

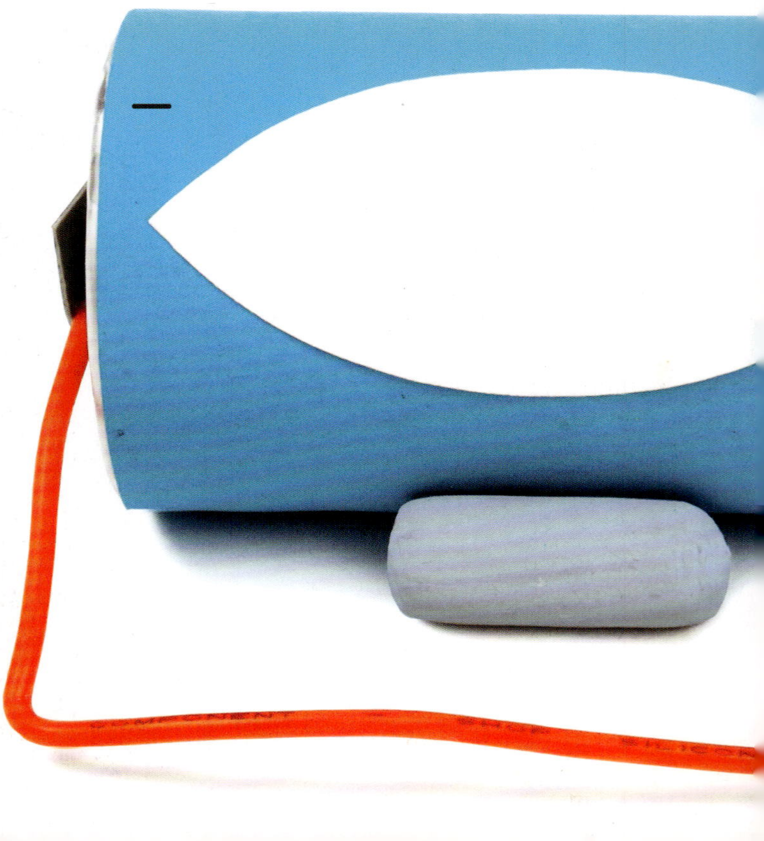

Du brauchst …

- 30 cm Elektrokabel
- Lineal
- Filzstift
- Abisolierzange
- Klebeband
- 2 Zink-Kohle-Batterien, AA (1,5 V)
- Taschenlampen-Glühbirne

Du kannst auch eine kleine Kühlschrankglühbirne oder eine andere Mini-Glühlampe benutzen.

Gut erklärt:
ELEKTRISCHE STROMKREISE UND SCHALTER

Wenn das Kabelende die Glühbirne berührt, fließt elektrischer Strom von der Batterie durch den Draht zur Glühbirne und zurück in die Batterie. Die Lampe leuchtet auf, weil elektrischer Strom durch sie fließt.

Elektrischer Strom kann nur in einem geschlossenen Kreis fließen, dem sogenannten Stromkreis. Der Strom fließt also erst, wenn Batterie, Draht und Lampe gleichzeitig in Kontakt sind. Ein Schalter – z. B. ein Lichtschalter – ist ein Element, das den Stromfluss regelt. Wenn er den Stromkreis unterbricht, fließt kein elektrischer Strom.

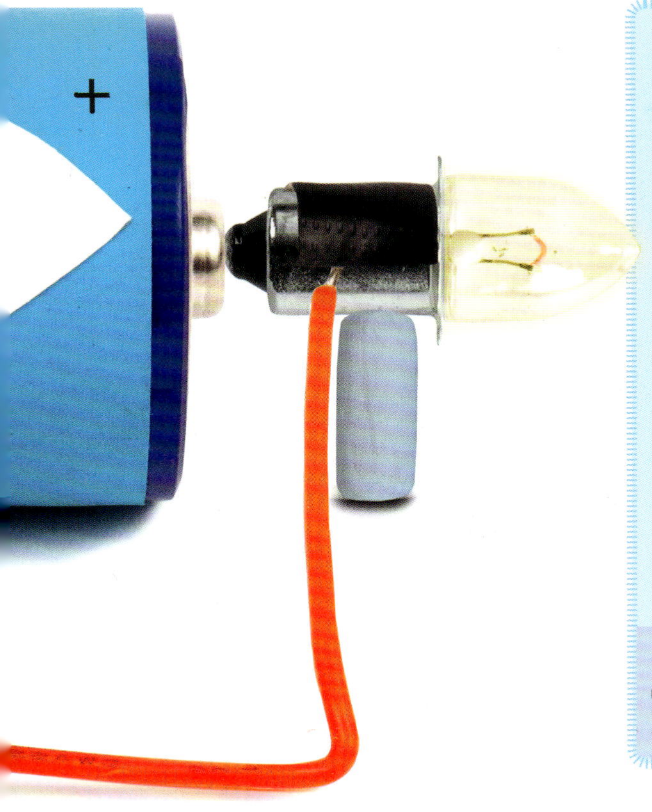

Stromkreis-Test

Klebe den positiven Pol einer zweiten Batterie an den positiven Pol der ersten. Halte eine Glühlampe an den negativen Pol der zweiten Batterie und berühre mit dem freien Ende des Kabels den Metallsockel der Lampe.

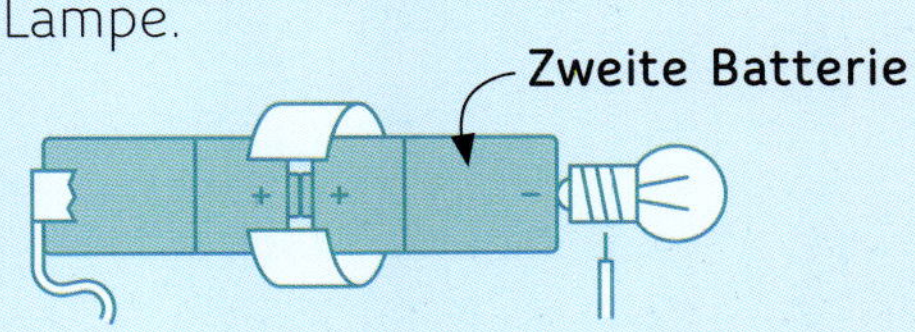

1. Warum fließt jetzt kein elektrischer Strom?
2. Wie kannst du das Problem lösen?

Antwort: 1. Strom fließt nur von positiv nach negativ. 2. Drehe die zweite Batterie um, sodass der positive Pol den negativen berührt.

WINDKRAFT

Seit Jahrhunderten treibt der Wind Windmühlen an. Wir nutzen ihn zur Stromerzeugung und in Zukunft vielleicht noch für vieles mehr. Wir zeigen dir, wie du eine Windmühle baust, die etwas hochheben kann!

Lass dir helfen!

1 Bitte einen Erwachsenen, mit einer langen Ahle eine Plastikflasche in einer Linie zu durchbohren. Schiebe einen spitzen Stift durch.

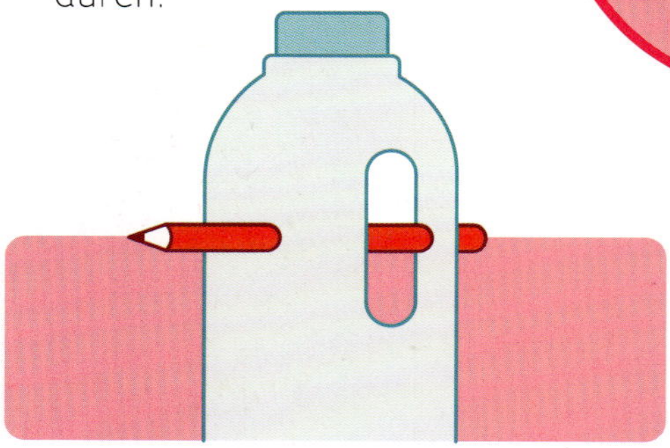

Bei Schritt 1 kann man die Löcher auch mit einem Nagel vorbohren und diese mit einem spitzen Bleistift durchstoßen.

2 Schiebe den Trinkhalm durch die Löcher und schneide die Enden so ab, dass sie auf beiden Seiten 3 cm überstehen.

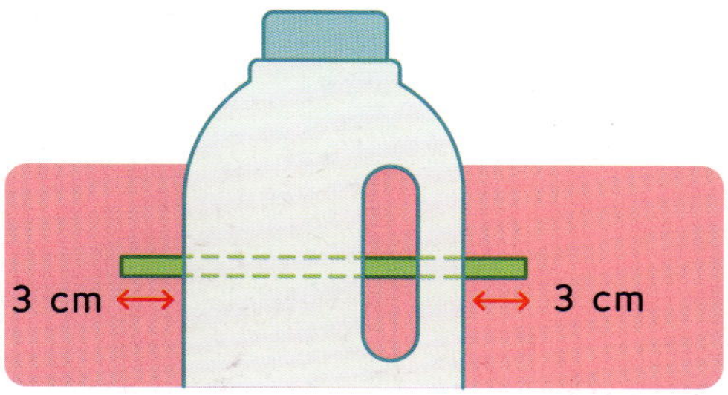

3 Schiebe den Holzspieß durch den Trinkhalm und kürze ihn auf die richtige Länge: Er soll auf einer Seite 1 cm aus dem Trinkhalm ragen, auf der anderen Seite 8–10 cm.

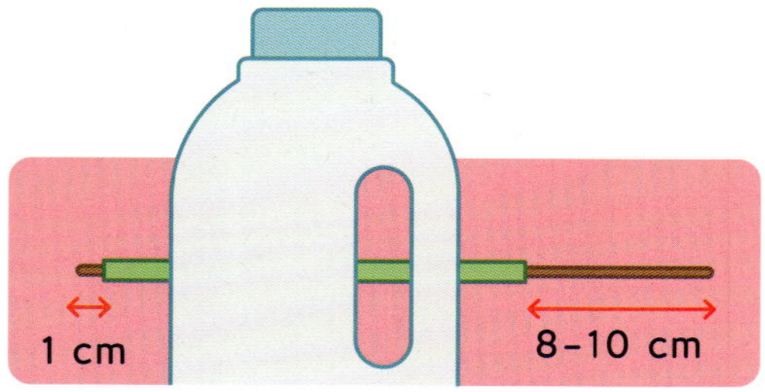

4 Schneide aus dicker Pappe einen Kreis von 6 cm Durchmesser aus. Schneide ihn alle 120° (benutze den Winkelmesser!) 2 cm tief ein (s. Abb.).

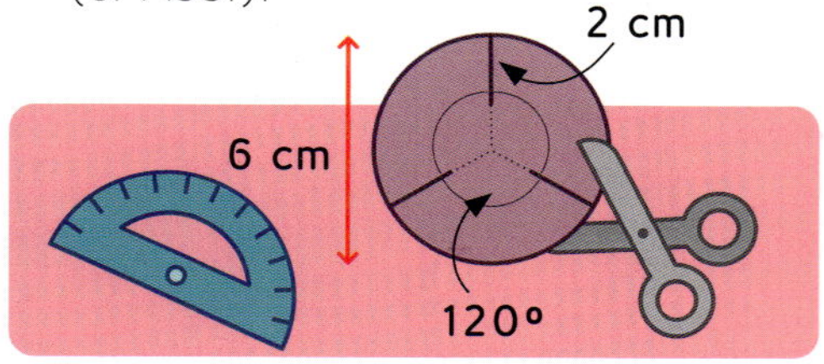

Du brauchst ...

- Ahle (oder langer Nagel)
- große Plastikflasche (2 l) mit Griff
- Trinkhalm (ohne Knick)
- Schere
- Lineal
- langen Schaschlikspieß (aus Holz)
- dicke Pappe
- Winkelmesser
- Pinnadel
- Filzstift
- dünne Pappe
- Klebeband
- Bindfaden
- Knete (oder Radiergummi)
- Föhn

Statt Schaschlikspieß kannst du auch einen anderen dünnen Holzstab benutzen, der durch den Trinkhalm passt.

5 Hefte den Kreis mit einer Pinnadel wie abgebildet an das kurze Ende des Holzspießes. Pass auf, dass du dich nicht stichst!

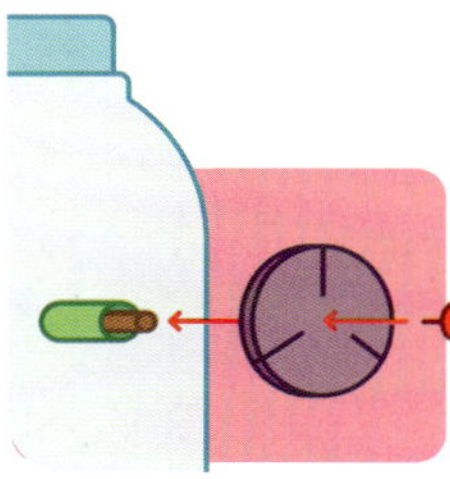

6 Zeichne auf dünnen Karton einen Propellerflügel (s. Abb.) und schneide ihn aus. Benutze ihn als Schablone für zwei weitere Flügel und schneide diese ebenfalls aus.

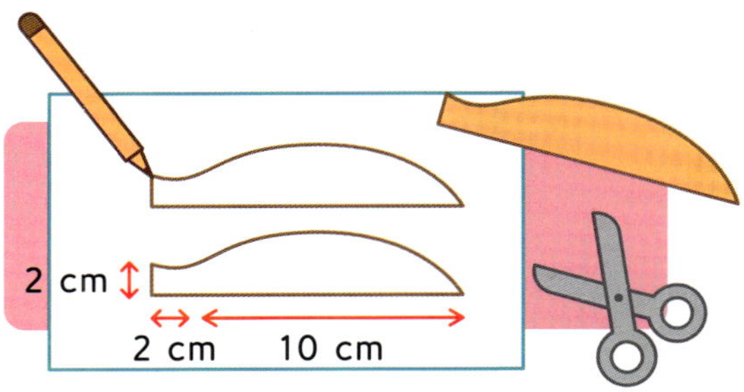

7 Biege jeden Flügel kurz um einen Bleistift, um ihnen eine Wölbung zu geben.

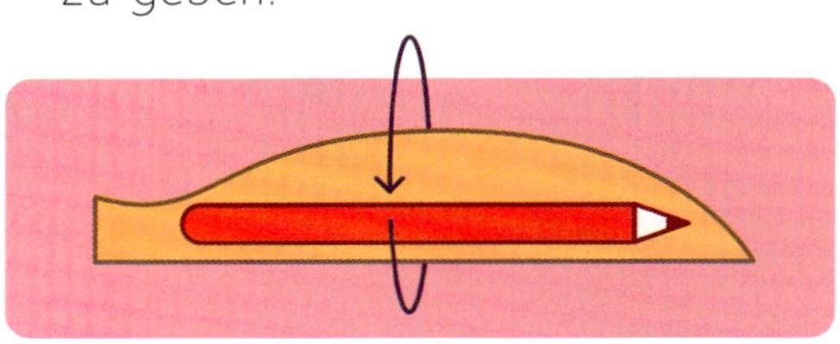

8 Stecke die schmalen Enden der Flügel in die Einschnitte des Pappkreises. Achte darauf, dass die gewölbten Seiten alle in die gleiche Richtung zeigen.

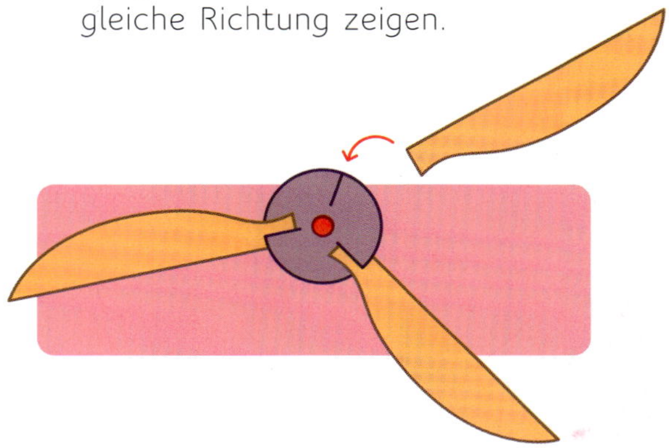

9 Schneide ein 40 cm langes Stück Bindfaden ab und befestige ein Ende mit Klebeband am langen Ende des Holzspießes. Binde als Gewicht einen kleinen Klumpen Knete (oder Radiergummi) ans andere Ende der Schnur.

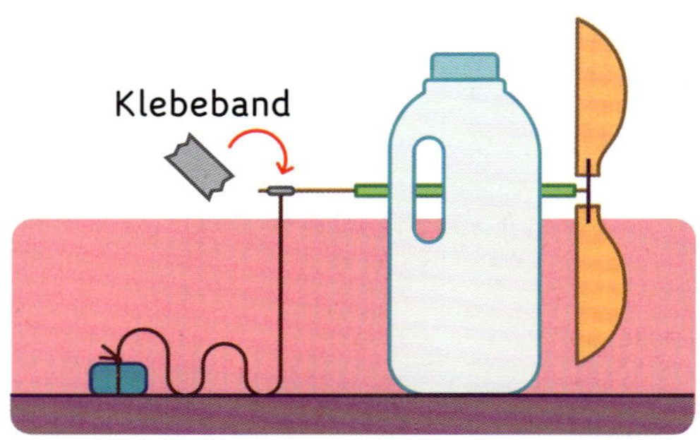

10 Jetzt ist deine Windmühle bereit für den Probelauf! Stelle einen Föhn auf die niedrigste Stufe und richte ihn auf die Flügel. Durch den Luftstrom aus dem Föhn drehen sich die Flügel, und mit ihnen der Spieß. Dadurch wickelt sich der Faden um den Spieß, das Gewicht wird angehoben!

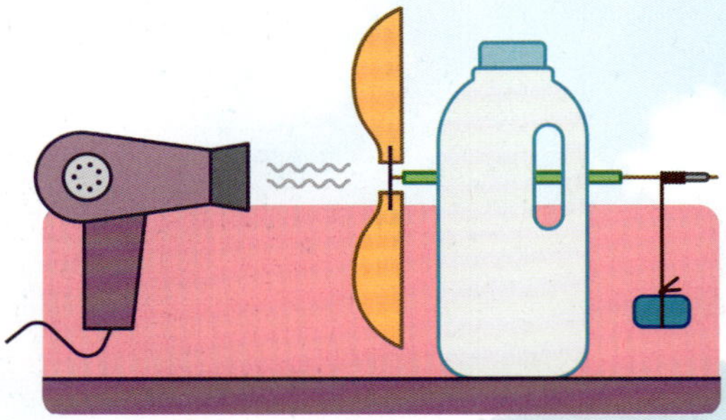

Windturbinen-Test:

Halte den Föhn erst näher an die Flügel, dann weiter weg. Wie beeinflusst der Abstand des Föhns die Geschwindigkeit, mit der die Schnur aufgewickelt wird? Warum hat der Abstand eine so große Auswirkung?

Bastele drei verschiedene Flügel-Varianten für deine Windmühle. Wird der Bindfaden mit ihnen besser oder schlechter aufgewickelt? Wie könntest du einen aussagekräftigen Test gestalten, um sie mit dem ersten Flügel-Set zu vergleichen?

Antwort:
Wechsele nur die Flügel aus, aber lasse alle anderen Faktoren gleich. Miss mit einer Stoppuhr, wie lange jedes Flügel-Set braucht, um die Schnur ganz aufzuwickeln.

Gut erklärt: STROMERZEUGUNG

Wind ist bewegte Luft. Wenn er stark bläst, besitzt er viel Energie. Eine Windkraftanlage nutzt, wie deine Windmühle, die Energie der bewegten Luft, um Rotorblätter zu drehen, die eine Welle in Bewegung bringt. Die Welle treibt einen Generator an, der Elektrizität erzeugt.

Auf den Seiten 46/47 hast du mithilfe von elektrischem Strom einen Magneten bewegt. Man kann aber auch einen Magneten benutzen, um Strom zu erzeugen. In einem Generator dreht die Welle einen Draht, der sich in einem starken Magnetfeld befindet. Wenn der Draht sich bewegt, fließt Strom durch ihn.

Es werden immer effizientere Windanlagen ausgetüftelt. Das Gute an dieser Art der Energiegewinnung: Wind weht gratis und ist unbegrenzt verfügbar!

EXTRA-WISSEN

Die bislang größte Windkraftanlage hat eine Gesamthöhe von 260 m – das ist fast doppelt so hoch wie die Pyramiden in Ägypten – mit einem Rotordurchmesser von 220 m.

Gestalte deine Windmühle nach Belieben! Bemale und beklebe sie mit Fenstern und Türen.

GEMÜSEANBAU MIT ZUKUNFT

Die Weltbevölkerung wächst. Darum werden immer mehr Nahrungsmittel benötigt. Eine Lösung: der Anbau von Nutzpflanzen ohne Erde …

1 Bitte einen Erwachsenen, eine Plastikflasche in der Mitte durchzuschneiden.

Lass dir helfen!

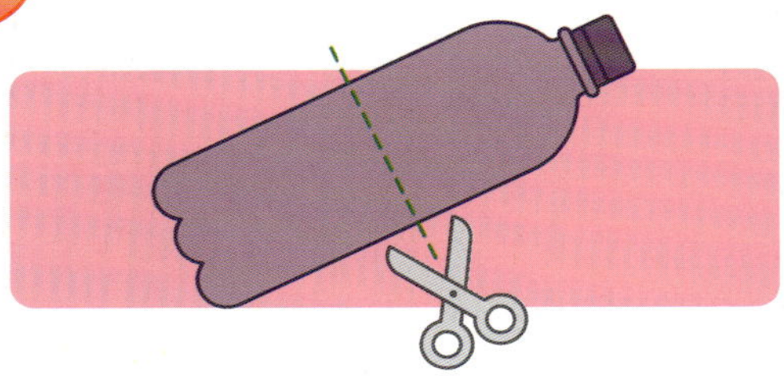

2 Fülle eine kleine Schüssel mit Wasser und tauche 20–30 Watteböllchen hinein. Drücke sie danach ein wenig aus, damit sie feucht, aber nicht tropfnass sind.

3 Lege die Watte in die untere Hälfte der Flasche.

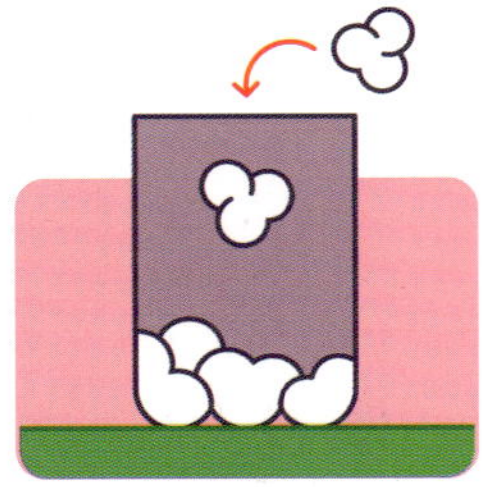

4 Streue ein paar Kressesamen über die Watte.

Gut erklärt: HYDROKULTUR

Dein Experiment zeigt: Erde ist für Pflanzen NICHT lebensnotwendig! Solange ihre Wurzeln Halt finden und sie optimal mit Wasser und Mineralstoffen versorgt sind, wachsen Pflanzen prima.

Den Anbau von Nutzpflanzen ohne Erdreich nennt man Hydroponik. Landwirte nutzen dieses System an Orten, wo wenig Ackerfläche zur Verfügung steht oder wo es sehr trocken ist. Durch die exakte Dosierung von Pflanzennahrung und Wasser erzielen Landwirte sehr gute Erträge.

Du brauchst ...

- saubere Plastikflasche (2 l) mit Schraubdeckel
- Schere
- kleine Schüssel
- Wasser
- 20–30 Wattebällchen
- Kressesamen
- breites Klebeband

5 Füge die beiden Flaschenhälften mithilfe von breitem Klebeband wieder zusammen.

6 Lass die Flasche einige Tage stehen. Die Kressesamen keimen innerhalb von 24–48 Stunden, und nach 5–7 Tagen kannst du die Sprossen abschneiden und essen.

Sind deine Wattebällchen zu feucht, kannst du für ein paar Stunden den Deckel öffnen. Ist die Watte zu trocken, besprühe sie mit Wasser.

EXTRA-WISSEN

In Dubai soll eine hydroponische Farm entstehen, die TÄGLICH fast 5 Tonnen Gemüse produziert!

MEGA MURMELSPASS

Die Ingenieurinnen und Ingenieure von morgen denken sich auch witzige Dinge aus, denn: Technik macht Spaß! Bring die Sache ins Rollen!

1 Schneide von einem großen Pappkarton die Klappen ab und stelle ihn hochkant auf. Bohre in die Oberseite ein Loch, das groß genug für einen Flaschenhals ist.

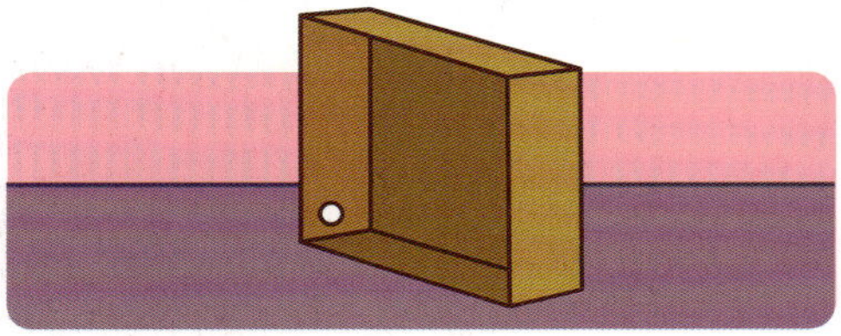

2 Entwirf auf Papier eine Murmelbahn. Markiere, wo Röhren, Trichter und Rinnen sein sollen (siehe unten).

Murmelbahn-Entwurf:

Befestige deine Trichter, Röhren und Bahnen an der Kartoninnenseite mit Klebeband. Die Murmel soll am Ende in einer kleinen Schachtel landen.

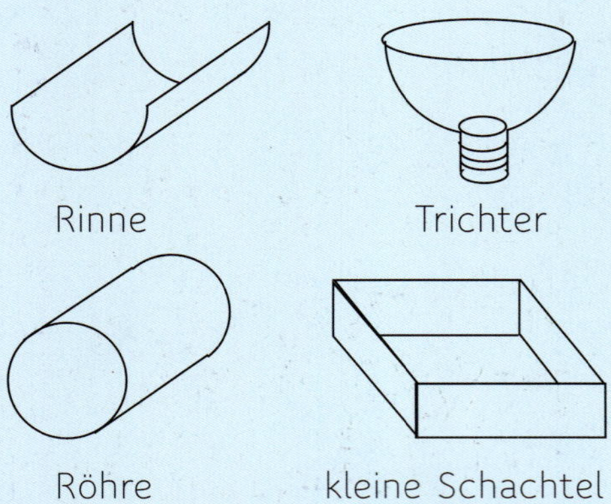

3 Wenn du eine leere Toilettenpapier- oder Küchenrolle der Länge nach halbierst, erhältst du eine Rinne.

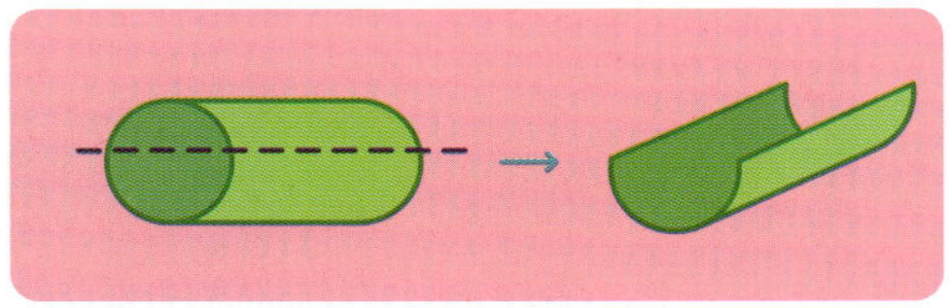

4 Für einen Trichter schneidest du den oberen Teil einer Plastikflasche ab. Lass dir helfen.

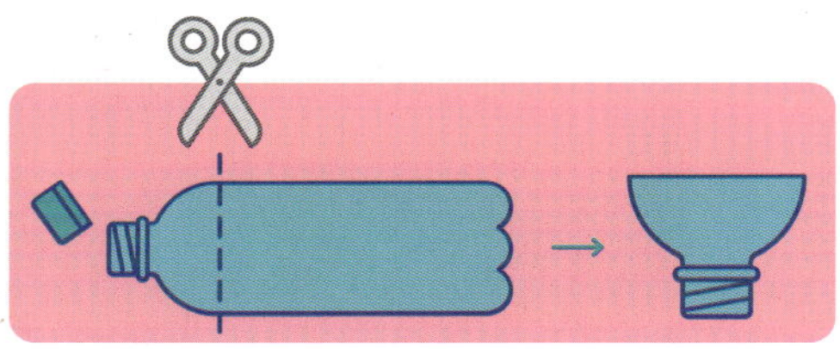

Gut erklärt: SCHWERKRAFT UND REIBUNG

Die Schwerkraft zieht die Murmeln die Bahnen hinab. Reibung bremst sie ab. Ohne Reibung würden die Murmeln schneller unten ankommen.

Du brauchst ...

- einen großen Pappkarton
- Schere
- Stift und Papier
- 4 oder mehr Papprollen (Toiletten- oder Küchenpapier)
- große Plastikflaschen
- eine kleine Schachtel
- Murmeln
- Klebeband

5 Wenn du alle Rinnen, Röhren und Trichter fertig hast, baue eine Murmelbahn gemäß deinem Entwurf.

6 Vergiss nicht, eine kleine Schachtel oder den Boden einer Flasche aufzustellen. Damit werden die Murmeln aufgefangen.

7 Zeit für deinen ersten Probedurchlauf!

Achte darauf, dass der Flaschenhals für den Trichter groß genug ist und deine Murmeln durchpassen!

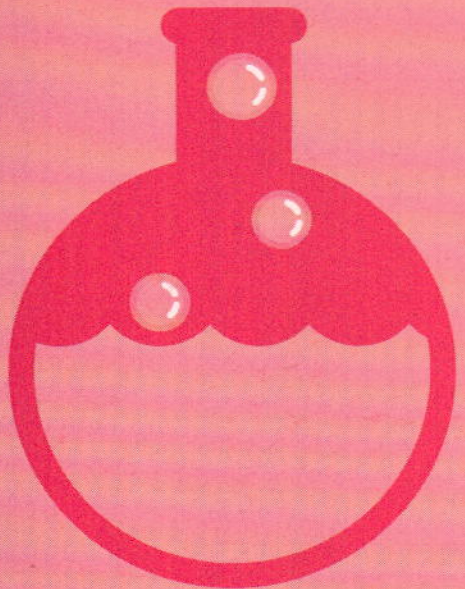

CODE-KNACKER

Es gibt einen geheimen Code, der Computer schlau macht. Kannst du ihn schreiben und lesen? Versuche, anderen eine geheime Nachricht zu schicken!

1 Bitte eine andere Person, eine kurze, geheime Nachricht zu schreiben, und schreibe du auch eine. Zeigt einander nicht, was ihr geschrieben habt! Der Text darf nicht länger als 26 Buchstaben sein.

2 Nun zeichnet beide das folgende Raster auf ein Blatt Papier:

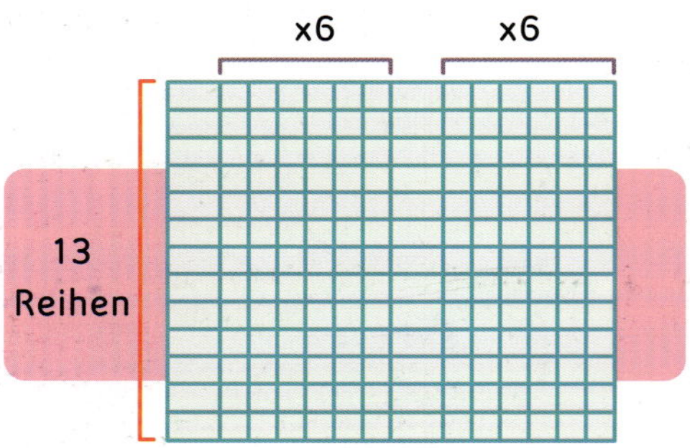

3 Wiederholt Schritt 2 auf einem zweiten Blatt Papier.

4 Übertragt dann beide den unten stehenden Codeleser auf euer erstes Raster.

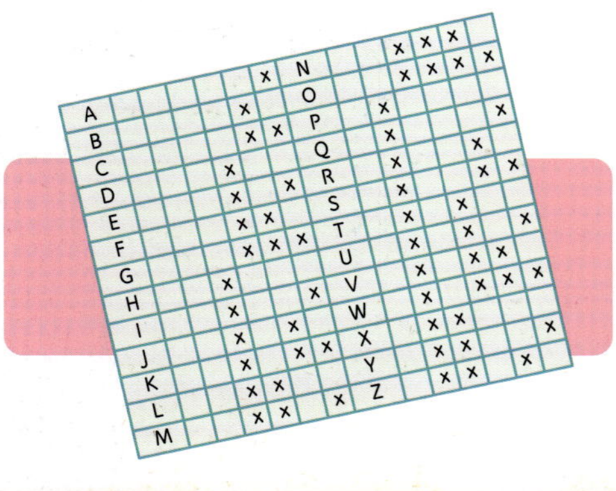

5 Tragt mithilfe des Codelesers eure Botschaft in verschlüsselter Form in das zweite, leere Raster ein: Malt den Code für den ersten Buchstaben in die oberste Reihe der linken Spalte und arbeitet euch Buchstabe für Buchstabe vor. Lasst keine Lücken zwischen den Wörtern und geht zur zweiten Spalte, wenn die erste voll ist. Bohrt dann durch jedes Kreuz mit der Bleistiftspitze ein Loch ins Papier, das so groß ist, dass ihr durchschauen könnt.

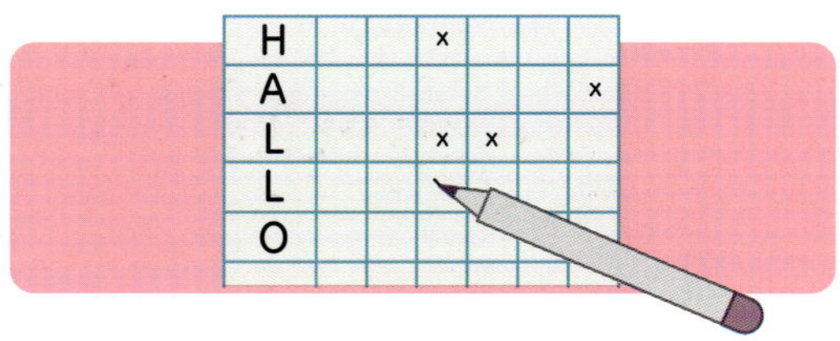

6 Tauscht jetzt eure verschlüsselten Nachrichten aus. Schiebt die andere Geheimbotschaft über euren Codeleser. Wenn ein Code sich über dem korrekten Buchstaben befindet, seht ihr die Kreuze durch die Löcher. Schreibt den entschlüsselten Buchstaben an den linken Rand des Papiers.

7 Schreibt eure entschlüsselten Nachrichten auf und tauscht wieder. Sind die Nachrichten korrekt?

Du brauchst ...

- Freundin oder Freund
- 6 Blätter Papier
- Bleistift
- Filzschreiber
- Lineal

Statt Schritt 3 kannst du dein Raster mithilfe eines Kopiergeräts vervielfältigen.

Gut erklärt: BINÄRCODE UND SOFTWARE

Die von Computern verwendeten Programme und Betriebsinformationen nennt man Software. Computersoftware basiert auf Binärcode. Das ist ein Muster aus Einsen und Nullen, das den Computer steuert und mit dem er Informationen speichert.

Der ASCII-Code ist ein Binärcode für Buchstaben und andere Zeichen, die du mit einer Tastatur tippst. Bei diesem Projekt hast du die letzten sechs Stellen der ASCII-Codierung benutzt (die ersten beiden sind immer die gleichen). Das schwarze Quadrat war eine „1“, das weiße Quadrat eine „0“.

Agenten-Rennen:

Wer von euch beiden entschlüsselt die geheime Botschaft am schnellsten?

ROBOTER-TRAINING

Robotertechniker entwickeln die nächste Robotergeneration. Hier lernst du, wie du deinen eigenen Roboter steuern kannst!

1 Schenke dir ein Glas deines Lieblingsgetränks ein und stelle es ins Zimmer, z. B. auf einen Stuhl oder Tisch.

2 Miss die Länge und Breite des Zimmers in Metern und zeichne ein entsprechendes Raster (s. Abb.) auf ein Blatt Papier: 1 Quadrat = 1 Quadratmeter. Die Quadrate, auf denen Möbel stehen, malst du farbig aus.

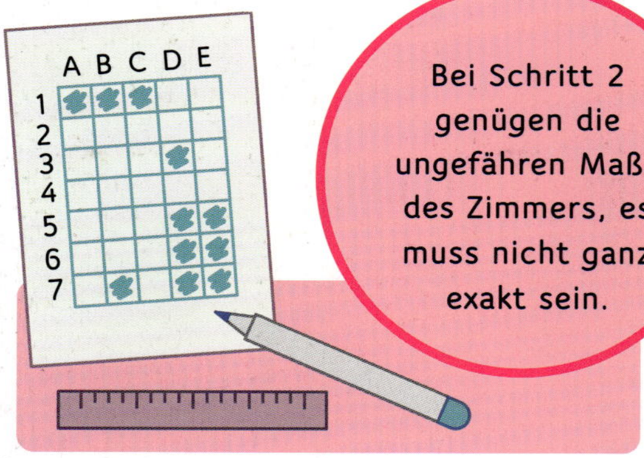

Bei Schritt 2 genügen die ungefähren Maße des Zimmers, es muss nicht ganz exakt sein.

3 Beschrifte Klebeetiketten mit den Koordinaten jedes Quadrats, also A1, A2 usw., und klebe sie an den entsprechenden Stellen auf den Boden.

4 In welchem Quadrat soll dein Roboter starten? Markiere dieses Quadrat auf deinem Raster. Markiere außerdem deine Position und die Position deines Getränks im Raster.

5 Unten siehst du ein Beispiel für einen Kontrollcode. Schreibe deinen eigenen Code, der deinen Roboter zum Getränk führt, es nimmt und zu dir bringt.

6 Dein Mitspielender ist der Roboter. Verrate nicht, was das Ziel ist (dass er dir dein Getränk bringt). Gib ihm den Kontrollcode und bitte ihn, den Anweisungen genau zu folgen. Funktioniert es?

Roboter-Kontrollcode

🤖 = Roboter	↑ = oben
& = bewege dich nach	↓ = unten
G = greife oder gib	→ = rechts
☑ = Getränk	← = links

Beispiel

In unserem Beispiel startet der Roboter im Quadrat A3, das Getränk steht in Quadrat E2 und du bist in Quadrat C7. Die Pfeile beziehen sich auf die Bewegungsrichtung im Raster.

🤖&↑A2&→E2G☑&←C2&↓C7G☑

Du brauchst …

- ein Glas mit deinem Lieblingsgetränk
- ein großes Zimmer
- Maßband
- Papier
- Bleistift
- Klebeetiketten
- (oder Malerkrepp)
- Filzstift
- Freundin oder Freund

Roboter-Werkstatt:

Bastele einen Roboter aus gebrauchten Materialien wie z. B.:

- großen und kleinen Pappkartons, Wellpappe,
- Papprollen von Toilettenpapier,
- Deckeln von Plastikflaschen

Gut erklärt: ALGORITHMEN

Roboter werden, wie Computer, von Binärcode gesteuert. In diesem Projekt hast du einen Algorithmus geschrieben – Software-Befehle, die in Binärcode umgewandelt werden können. Softwaretechniker schreiben Algorithmen, um Roboter, Computer und viele andere digitale Geräte zu steuern.

EXTRA-WISSEN

Algorithmen steuern Internet-Suchmaschinen. 2019 haben Google-Suchmaschinen 63.000 Suchaufträge pro Sekunde ausgeführt!

LEBEN IM WELTRAUM

Leben Menschen in Zukunft auf anderen Planeten? Erfahre etwas über die Arbeit von Raumfahrttechnikern und baue deine Raumstation!

Lass dir helfen!

1 Nimm die leere Umverpackung einer Rolle Frischhaltefolie und lass einen Erwachsenen die scharfe Abreißkante entfernen. Fixiere die Klappe innen mit doppelseitigem Klebeband.

2 Schneide in zwei gegenüberliegende Seiten der Schachtel Löcher, die ein wenig enger sind als die Papprollen. Male die Schachtel weiß an.

3 Male die beiden Papprollen weiß an.

4 Stelle eine der Papprollen auf ein Stück Karton und male einmal um den Kreisumriss. Male vier Laschen dazu (s. Abb.). Schneide die Form aus, klappe die Laschen um und klebe sie von innen an die Papprolle. Wiederhole das bei der anderen Rolle.

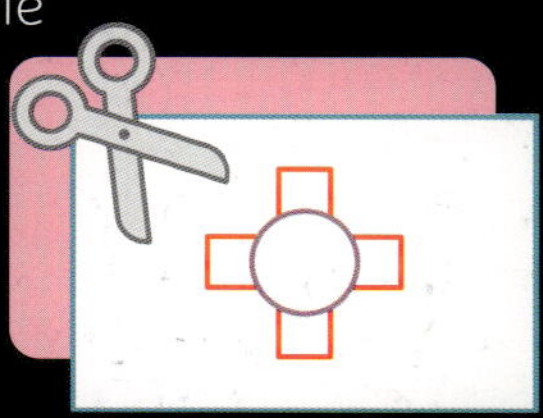

Hinweis:
Lege Zeitungspapier unter und trage alte Kleidung.

Lass dir helfen!

5 Bitte einen Erwachsenen, an zwei Enden der Schachtel (s. Abb.) oben und unten 3 cm lange Schlitze hineinzuschneiden. Schiebe die Papprollen in die runden Löcher, indem du die Enden leicht zusammendrückst.

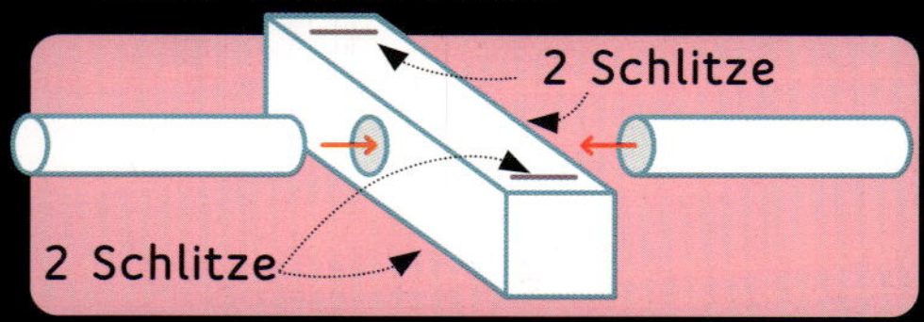

6 Schneide zwei 30 cm lange und 3 cm breite Streifen Pappe aus und male auf beide Seiten schwarze Rechtecke auf. Das sind die Sonnensegel.

7 Schiebe die Sonnensegel durch die Schlitze.

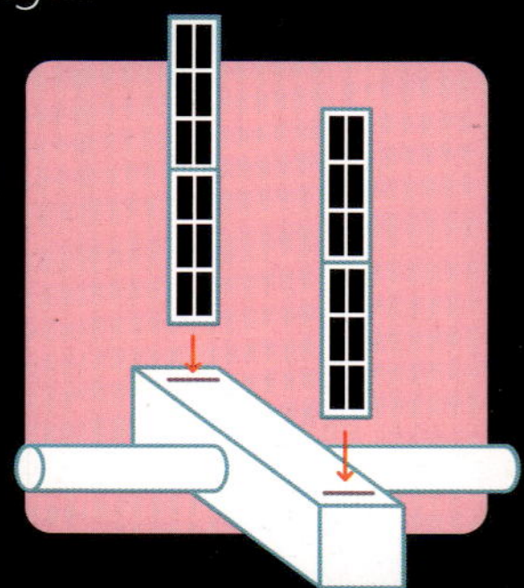

Du brauchst ...

- Karton von Alu- oder Frischhaltefolie
- doppelseitiges Klebeband
- Schere
- weiße Acrylfarbe
- 2 Küchenpapier-Papprollen
- weißen Karton
- Bleistift
- Klebstoff
- Pappe (mindestens 30 cm lang)
- Lineal
- schwarze Acrylfarbe

Wenn du keine Acrylfarben hast, kannst du Karton und Papprollen mit Papier bekleben.

EXTRA-WISSEN

Die Temperatur im Weltall liegt bei -270,45 °C, kälter geht es fast nicht! Doch direktes Sonnenlicht würde deine Haut verbrennen!

Gut erklärt: RAUMFAHRTTECHNIK

Auch echte Raumstationen bestehen aus einzelnen Modulen, die zusammengesetzt werden. Sie müssen leicht sein, denn sie werden per Rakete transportiert. Die großen Basismodule werden unbemannt aufgebaut, Astronauten installieren kleinere Elemente. Die Materialien müssen extreme Hitze und extreme Kälte aushalten. Sonnensegel dienen der Stromerzeugung.

ALIEN-TECHNOLOGIE

Sollten wir jemals von Aliens besucht werden, müssten diese über herausragende Technik verfügen, um die Erde zu erreichen. Bastele ihr Raumschiff!

1 Knülle etwas Zeitungspapier zusammen und presse es wie abgebildet zwischen zwei Pappteller. Tackere die Teller rundum am Rand zusammen.

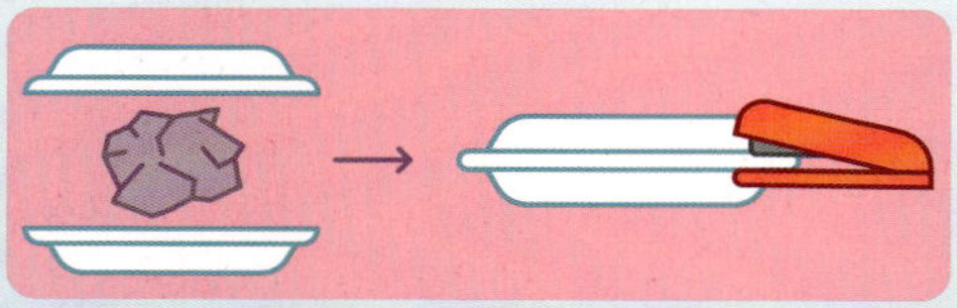

2 Nimm eine Pappschüssel und zeichne einen Kreis mit 5 cm Durchmesser auf ihren Boden. Schneide den Kreis aus. Stecke einen durchsichtigen Plastikbecher von unten durch die Öffnung.

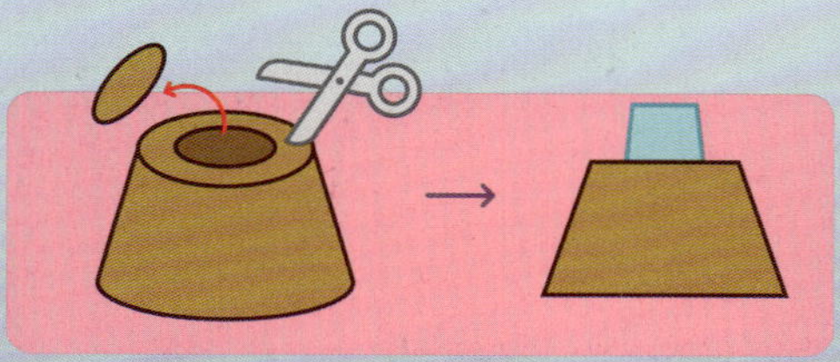

3 Bastele einen Alien aus Pappe oder forme ihn aus Modelliermasse und klebe ihn innen im Becher fest.

4 Klebe die Schüssel samt Alien oben auf den Pappteller.

5 Verziere dein Alien-Raumschiff!

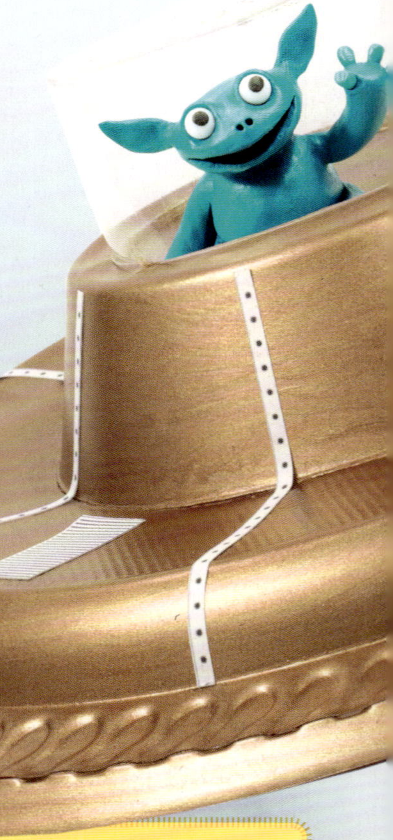

EXTRA-WISSEN

Nach der Sonne ist der nächstgelegene Stern Proxima Centauri. Es würde aber 19.000 Jahre dauern, mit dem Raumschiff dorthin zu fliegen!

Du brauchst …

- Zeitungspapier
- 2 Pappteller
- Tacker
- kleine Pappschüssel
- Bleistift
- Lineal
- Schere
- transparenten Plastikbecher
- Modelliermasse
- Pappe
- Farben
- Klebstoff
- Filzstifte oder Aufkleber zum Verzieren
- Bindfaden
- Klebeband

6 Schneide etwas Bindfaden ab und befestige ihn mit Klebeband am Plastikbecher. Hänge dein Alien-Raumschiff auf, sodass es in der Luft zu schweben scheint.

Gut erklärt: ALIEN-TECHNOLOGIE

In unserer Galaxie gibt es Millionen von Planeten, auf denen Aliens leben könnten. Aber keine Panik! Die Planeten sind sehr weit weg, und bis jetzt haben wir noch keine Außerirdischen gesehen. Ihre Raumschiffe müssten …

- extrem schnell sein, um die riesigen Entfernungen zu überwinden,
- robust genug sein, um den Bedingungen im All standzuhalten, und
- groß genug sein, um alles an Bord zu haben, was die Aliens brauchen.

Schlusswort: INGENIEURWISSENSCHAFTEN

„Dem Ingenieur ist nichts zu schwör!“, sagte schon Daniel Düsentrieb. Ob ein Haus gebaut oder etwas ganz neu erfunden werden muss – Ingenieurinnen und Ingenieure setzen es in die Tat um! Dabei helfen Physik, Chemie und Co., denn das sind nicht nur Schulfächer, sondern Gebrauchsanleitungen für alles.

Die Welt braucht noch viele kluge Köpfe, um neue Dinge zu entwerfen und zu bauen. Vielleicht hast du Lust, dir eigene Technik-Experimente auszudenken und Sachen zu erfinden! Bist du bereit für die Zukunft?

GLOSSAR

Binärcode Eine Reihe von Einsen und Nullen, die Informationen speichern oder einen Computer steuern. Die „1" bedeutet, dass eine elektrische Spannung anliegt, bei „0" liegt keine Spannung an.

chemische Reaktion Wenn zwei oder mehr chemische Stoffe sich zu einer neuen Substanz verbinden. Manche chemischen Reaktionen sind umkehrbar, andere nicht.

digitale Geräte Elektrogeräte, die von einem An-Aus-Code (häufig Binärcode) gesteuert werden, z. B. Smartphones und Digitalkameras.

elektrischer Strom Der Fluss von elektrischen Ladungen in einem Stromkreis. Ladung bezeichnet eine Eigenschaft von Teilchen wie z. B. Elektronen.

Elektromagnetismus Elektrische und magnetische Kraft, die durch bewegte geladene Teilchen erzeugt wird.

Energie Was du brauchst, um unter Einsatz von Kraft einen Gegenstand über eine bestimmte Entfernung zu bewegen. Energie hat viele Erscheinungsformen, darunter Wärme und Bewegung, und ändert diese häufig.

Impuls Die Fähigkeit eines sich bewegenden Objekts, sich weiter zu bewegen. Bei Gegenständen mit großer Masse und hoher Geschwindigkeit ist der Impuls größer als bei leichteren, langsameren Objekten.

Luftdruck Die Kraft, mit der die Luft auf einen Gegenstand drückt.

Magnetfeld Ein Gebiet, auf das eine magnetische Kraft wirkt. Wenn du Eisenspäne über einen Magneten streust, wird sein Magnetfeld sichtbar.

Maschine Ein Gerät, das die Richtung und Stärke einer Kraft ändert, um ein bestimmtes Ergebnis zu erzielen.

Masse Die gesamte Materie eines Gegenstands. Jedes Objekt, das Atome enthält, hat eine Masse.

Molekül Eine Gruppe von Atomen, die miteinander verbunden sind. Die meisten chemischen Stoffe bestehen aus Molekülen.

Reibung Kraft, die zwischen Körpern (fest, gasförmig oder flüssig) wirkt, die sich berühren und dabei aneinander vorbei bewegen. Reibung bremst bewegte Objekte.

Säure Eine chemische Verbindung, die, vor allem in flüssiger Form, andere Stoffe angreifen oder sogar auflösen kann.

Schwerkraft Kraft, die dadurch entsteht, dass Materie von anderer Materie angezogen wird. Wie stark die Schwerkraft an einem Gegenstand zieht, weiß man, wenn man ihn wiegt.

Sonnensegel Solarmodul, mit dem Raumfahrzeuge aus Sonnenlicht elektrischen Strom erzeugen können.

tektonische Platte Gigantische Gesteinsplatten, aus denen die äußere Erdhülle (Erdkruste) besteht. Sie bewegen sich langsam, angetrieben von aufsteigendem geschmolzenem Gestein aus dem Erdinnern.

Wasserdruck Kraft, die durch das Gewicht von Wasser verursacht wird, das auf einen Gegenstand drückt. Die Kraft wirkt in alle Richtungen gleich stark.

REGISTER